novas buscas
em comunicação

VOL. 47

Dados Internacionais de Catalogação na Publicação (CIP)
(Câmara Brasileira do Livro, SP, Brasil)

Angrimani Sobrinho, Danilo
　　Espreme que sai sangue : um estudo do sensacionalismo na imprensa / Danilo Angrimani Sobrinho. São Paulo : Summus, 1995. (Coleção Novas Buscas em Comunicação; v. 47)

　　Bibliografia.
　　ISBN 978-85-323-0496-4

　　1. Imprensa 2. Jornalismo 3. Notícias Populares (Jornal) 4. Sensacionalismo no jornalismo I. Título. II. Série.

95-0753   CDD-070.4

Índice para catálogo sistemático:

1. Sensacionalismo : Jornalismo 070.4

Compre em lugar de fotocopiar.
Cada real que você dá por um livro recompensa seus autores
e os convida a produzir mais sobre o tema;
incentiva seus editores a encomendar, traduzir e publicar
outras obras sobre o assunto;
e paga aos livreiros por estocar e levar até você livros
para a sua informação e o seu entretenimento.
Cada real que você dá pela fotocópia não autorizada de um livro
financia o crime
e ajuda a matar a produção intelectual de seu país.

Espreme que sai sangue

Um estudo do
sensacionalismo
na imprensa

DANILO ANGRIMANI

summus
editorial

ESPREME QUE SAI SANGUE
um estudo do sensacionalismo na imprensa
Copyright © 1994 by Danilo Angrimani Sobrinho
Direitos desta edição reservados para Summus Editorial

Capa: **Roberto Strauss**
Impressão: **Sumago Gráfica Editorial Ltda.**

Summus Editorial
Departamento editorial:
Rua Itapicuru, 613 – 7º andar
05006-000 – São Paulo – SP
Fone: (11) 3872-3322
Fax: (11) 3872-7476
http://www.summus.com.br
e-mail: summus@summus.com.br

Atendimento ao consumidor:
Summus Editorial
Fone: (11) 3865-9890

Vendas por atacado:
Fone: (11) 3873-8638
Fax: (11) 3873-7085
e-mail: vendas@summus.com.br

Impresso no Brasil

NOVAS BUSCAS EM COMUNICAÇÃO

O extraordinário progresso experimentado pelas técnicas de comunicação de 1970 para cá representa para a Humanidade uma conquista e um desafio. Conquista, na medida em que propicia possibilidades de difusão de conhecimentos e de informações numa escala antes inimaginável. Desafio, na medida em que o avanço tecnológico impõe uma séria revisão e reestruturação dos pressupostos teóricos de tudo que se entende por comunicação.

Em outras palavras, não basta o progresso das telecomunicações, o emprego de métodos ultra-sofisticados de armazenagem e reprodução de conhecimentos. É preciso repensar cada setor, cada modalidade, mas analisando e potencializando a comunicação como um processo total. E, em tudo, a dicotomia, teoria e prática, está presente. Impossível analisar, avançar, aproveitar as tecnologias, os recursos, sem levar em conta sua ética, sua operacionalidade, o benefício para todas as pessoas em todos os setores profissionais. E, também, o benefício na própria vida doméstica e no lazer.

O jornalismo, o rádio, a televisão, as relações públicas, o cinema, a edição — enfim, todas e cada uma das modalidades de comunicação —, estão a exigir instrumentos teóricos e práticos, consolidados neste velho e sempre novo recurso que é o livro, para que se possa chegar a um consenso, ou, pelo menos, para se ter uma base sobre a qual discutir, firmar ou rever conceitos. *Novas Buscas em Comunicação* visa trazer para o público — que já se habituou a ver na Summus uma editora de renovação, de formação e de debate — textos sobre todos os campos da Comunicação, para que o leitor ainda no curso universitário, o profissional que já passou pela Faculdade e o público em geral possam ser balizas para debate, aprimoramento profissional e, sobretudo, informação.

Em memória de meu pai e amigo,
Noris Angrimani

A Jussara, Damiana e Daniel

Agradecimentos especiais aos professores
CIRO MARCONDES FILHO, orientador deste
trabalho e MANUEL CARLOS CHAPARRO.
A MICHEL MAFFESOLI, que possibilitou a
extensão de minha pesquisa em
Paris, junto à Sorbonne (Paris V)

Este trabalho teve o apoio
financeiro da CAPES e do CNPq.

SUMÁRIO

Introdução 11

PARTE I — SENSACIONALISMO NA COMUNICAÇÃO 13

1 - Definição 13
2 - Histórico 19
  1. Imprensa Amarela 21
  2. Imprensa Marrom 22
  3. A Guerra Sensacionalista 22
3 - "Fait Divers" 25
4 - Linguagem 33

PARTE II — VIOLÊNCIA E REPRESSÃO NO CAMPO DO
INCONSCIENTE 43

1 - Ego, Id, Superego 43
  1. As Instâncias Freudianas 43
  2. Superego Acessório, Id Personificado 45
  3. Transgressão, Punição 49

2 - Sangue 53
  1. Morte 53
  2. Violência 56
  3. Tabus 60

3 - O Lado Escuro 65
1. Perversões 65
2. Homossexualismo 66
3. Fetiche 70
4. Voyeurismo 73
5. Sadomasoquismo 74

PARTE III — NOTÍCIAS POPULARES 81

1 - Apresentação 81

2 - Análise 97
1. NP: Jornal Sensacionalista 97
2. Homonímia 102
3. Cascata 103
4. Pseudociência 105
5. Linguagem 108
6. Morte 116
7. Homossexualismo 121
8. Voyeurismo 124
9. Sadomasoquismo 125
10. Coprofagia 127
11. Tabu: Homicídio 127
12. Tabu: Canibalismo 128
13. Tabu: Incesto 129
14. Id Personificado 129
15. Eros 130
16. Superego Acessório 132

3 - O Caso do Bebê-Diabo 139

Conclusão 151

Bibliografia 154

INTRODUÇÃO

O objetivo deste trabalho é entender a circunstância em que o sensacionalismo ocorre, as necessidades inconscientes que são atendidas por esse gênero de jornalismo e investigar os mecanismos que interagem no processo de atração e compra do sensacional.

O livro divide-se em três partes: Sensacionalismo na Comunicação, Violência e Repressão no Campo do Inconsciente e Notícias Populares.

Na primeira parte, define-se o que é sensacionalismo, traça-se seu percurso histórico, discute-se a linguagem, a utilização de *fait divers*, entre outros temas. Em *Fait Divers*, termo francês que designa a notícia do dia (crimes, roubos, acontecimentos extraordinários), é mostrado como notícias variadas, que têm importância circunstancial, se constituem a principal fonte de "alimentação" do noticiário sensacionalista. Em Linguagem, é visto que o sensacionalismo ocorre indiferenciadamente nos mídia mais diversificados. Há sensacionalismo na mídia de imagem em movimento (TV), imagem sugerida (rádio) e imagem paralisada (jornal). Observa-se também neste capítulo que o que distingue o meio sensacionalista do informativo comum é a linguagem, que é específica e remete ao inconsciente.

A segunda parte, faz um resumo da teoria das instâncias do aparelho psíquico, desenvolvida por Freud, e assinala que, em determinados casos, o jornal sensacionalista age como superego acessório, ou id personificado.

Na última divisão deste livro, revela-se como o jornal Notícias Populares foi criado, as modificações por que passou ao longo dos anos e se faz uma abordagem que reúne as observações registradas nos capítulos anteriores com o objeto circunscrito na pesquisa. O objetivo é o de buscar uma conexão entre as partes anteriores e suas ramificações no objeto analisado, levando em conta também as entrevistas realizadas com leitores do jornal em questão. Em "O Caso do Bebê Diabo", é feita uma análise de uma série de reportagens publicadas ao longo de 22 edições, em 1975, por Notícias Populares, quando este jornal noticiou o nascimento de um certo "bebê diabo".

Parte I
Sensacionalismo na Comunicação

1
DEFINIÇÃO

"Sensacional - Adj.2g. 1. Que produz sensação intensa. 2. Referente a sensação. 3. Que desperta viva admiração ou entusiasmo; espetacular; formidável; um filme sensacional. *"Sensacionalismo - S.m.* 1. Divulgação e exploração, em tom espalhafatoso, de matéria capaz de emocionar ou escandalizar. 2. Uso de escândalos, atitudes chocantes, hábitos exóticos etc., com o mesmo fim. 3. Exploração do que é sensacional na literatura, na arte etc. *"Sensacionalista - Adj.2g.* Em que há, ou que usa de sensacionalismo; notícia sensacionalista; jornal sensacionalista" [1].

Não importa qual seja o contexto, sempre que se quer acusar um veículo de comunicação, ou um jornalista, usa-se de forma abrangente — e nem sempre exata — a adjetivação "sensacionalista". Por ser totalitário, o termo leva à imprecisão. O leitor (o telespectador, o ouvinte) entende sensacionalismo como uma palavra-chave que remete a todas as situações em que o meio de comunicação, no entender dele, tenha cometido um deslize informativo, exagerado na coleta de dados (*desequilibrando* o noticiário), publicado uma foto ousada, ou enveredado por uma linha editorial mais inquisitiva.

Sensacionalista é a primeira palavra que a maior parte das pessoas utiliza para condenar uma publicação. Seja qual for a restrição, o termo é o mesmo para quase todas as situações.

---

1. HOLANDA FERREIRA, Aurélio Buarque de. *Novo Dicionário da Língua Portuguesa.* Rio de Janeiro, Nova Fronteira, 1986.

Quando se enclausura um veículo nessa denominação, se faz também uma tentativa de colocá-lo à margem, de afastá-lo dos mídias "sérios". Se um jornal (telejornal, ou radiojornal) é tachado de sensacionalista, significa para o público que o meio não atendeu às suas expectativas. Na abrangência de seu emprego, sensacionalista é confundido não só com qualificativos editoriais como audácia, irreverência, questionamento, mas também com imprecisão, erro na apuração, distorção, deturpação, editorial agressivo — que são acontecimentos isolados e que podem ocorrer dentro de um jornal informativo comum.

Para que o termo perca esse caráter múltiplo, movediço, há necessidade de melhor caracterizá-lo, situando-o adequadamente.

Mott escreve que "a palavra é comumente utilizada" para designar matérias que estimulam "respostas emocionais" no leitor. "Obviamente", ele acentua, isto leva a mensuramentos subjetivos e "efeitos patológicos os quais são difíceis de estudar" [2].

"Sem discutir a questão da morbidez e da imoralidade envolvidas, o termo sensacionalismo poderá ser usado para o tratamento particular que um jornal dá a crimes, desastres, sexo, escândalos e monstruosidades" [3].

A definição de Mott fica devendo um maior aprofundamento da questão. Já Pedroso traça regras que situam o discurso sensacionalista e define esse gênero de jornalismo como "modo de produção discursivo da informação de atualidade, processado por critérios de intensificação e exagero gráfico, temático, lingüístico e semântico, contendo em si valores e elementos desproporcionais, destacados, acrescentados ou subtraídos no contexto de representação ou reprodução de real social" [4].

Pedroso estabelece ainda "as principais regras definidoras da prática ou do *modo sensacionalista* de produção do discurso de informação no jornalismo diário" que são, segundo a autora, os seguintes:

"Intensificação, exagero e heterogeneidade gráfica; ambivalência lingüístico-semântica, que produz o *efeito de informar* através da não-identificação imediata da mensagem; valorização da emoção em detrimento da informação; exploração do extraordinário e do vulgar, de forma espetacular e desproporcional; adequação discursiva ao *status semiótico* das classes subalternas; destaque de elementos insignificantes, ambíguos, supérfluos ou sugestivos; subtração de elementos importantes e acréscimo ou *invenção* de palavras ou fatos; valorização de

---

2. MOTT, Frank Luther: *A History of Newspapers in the United States Through 250 Years*. Estados Unidos, Macmillan, 1941.
3. Idem, ibidem.
4. PEDROSO, Rosa Nívea. *A Produção do Discurso de Informação num Jornal Sensacionalista*. Rio de Janeiro, UFRJ/Escola de Comunicação, 1983.

conteúdos ou temáticas isoladas, com pouca possibilidade de desdobramento nas edições subseqüentes e sem contextualização político-econômico-social-cultural; discursividade repetitiva, fechada ou centrada em si mesma, ambígua, motivada, autoritária, despolitizadora, fragmentária, unidirecional, vertical, ambivalente, dissimulada, indefinida, substitutiva, deslizante, avaliativa; exposição do oculto, mas próximo; produção discursiva sempre trágica, erótica, violenta, ridícula, insólita, grotesca ou fantástica; especificidade discursiva de jornal empresarial-capitalista, pertencente ao segmento popular da grande empresa industrial-urbana, em busca de consolidação econômica ao mercado jornalístico; escamoteamento da questão do popular, apesar do pretenso engajamento com o universo social marginal; gramática discursiva fundamentada no desnivelamento sócio-econômico e sociocultural entre as classes hegemônicas e subalternas" [5].

Marcondes Filho descreve a prática sensacionalista como nutriente psíquico, desviante ideológico e descarga de pulsões instintivas. Caracteriza sensacionalismo como "o grau mais radical da mercantilização da informação: tudo o que se vende é aparência e, na verdade, vende-se aquilo que a informação interna não irá desenvolver melhor do que a manchete. Esta está carregada de apelos às carências psíquicas das pessoas e explora-as de forma sádica, caluniadora e ridicularizadora. (...) No jornalismo sensacionalista as notícias funcionam como pseudo-alimentos às carências do espírito (...) O jornalismo sensacionalista extrai do fato, da notícia, a sua carga emotiva e apelativa e a enaltece. Fabrica uma nova notícia que a partir daí passa a se vender por si mesma" [6].

(A imprensa sensacionalista) "não se presta a informar, muito menos a formar. Presta-se básica e fundamentalmente a satisfazer as necessidades instintivas do público, por meio de formas sádica, caluniadora e ridicularizadora das pessoas. Por isso, a imprensa sensacionalista, como a televisão, o papo no bar, o jogo de futebol, servem mais para desviar o público de sua realidade imediata do que para voltar-se a ela, mesmo que fosse para fazê-lo adaptar-se a ela" [7].

Marcondes Filho escreve que "escândalos, sexo e sangue compõem o conteúdo dessa imprensa (...) como as mercadorias em geral, interessa ao jornalista de um veículo sensacionalista o lado aparente, externo, atraente do fato. Sua essência, seu sentido, sua motivação ou sua história estão fora de qualquer cogitação" [8].

---

5. PEDROSO, Rosa Nívea. *A Produção do Discurso...*, op. cit.
6. MARCONDES FILHO, Ciro. *O Capital da Notícia*. São Paulo, Ática, 1986.
7. Idem, ibidem.
8. Idem, ibidem.

Todas essas definições convergem para alguns pontos comuns. Sensacionalismo é tornar sensacional um fato jornalístico que, em outras circunstâncias editoriais, não mereceria esse tratamento. Como o adjetivo indica, trata-se de sensacionalizar aquilo que não é necessariamente sensacional, utilizando-se para isso de um tom escandaloso, espalhafatoso. Sensacionalismo é a produção de noticiário que extrapola o real, que superdimensiona o fato. Em casos mais específicos, inexiste a relação com qualquer fato e a "notícia" é elaborada como mero exercício ficcional. O termo "sensacionalista" é pejorativo e convoca a uma visão negativa do meio que o tenha adotado. Um noticiário sensacionalista tem credibilidade discutível. A inadequação entre manchete e texto — ou ainda, manchete e foto; texto e foto; manchete, texto e foto — é outra característica da publicação sensacionalista, o que pode reforçar a posição de descrédito do leitor perante o veículo. Isto porque a manchete, dentro da estratégia de venda de uma publicação que adotou o gênero sensacionalista, adquire uma importância acentuada. A manchete deve provocar comoção, chocar, despertar a carga pulsional[9] dos leitores. São elementos que nem sempre estão presentes na notícia e dependem da "criatividade" editorial.

A edição do produto sensacionalista é pouco convencional, escandalosa mesmo. O *fait divers* é seu principal "nutriente", mas não é o único. Lendas e crenças populares, personagens olimpianos (da realeza, cinema e TV, principalmente), política, economia, pessoas e animais com deformações, deficiências, também comparecem com igual peso na divisão do noticiário. Ainda dentro do ponto de vista jornalístico, a linguagem sensacionalista não pode ser sofisticada, nem o estilo elegante. A linguagem utilizada é a coloquial, não aquela que os jornais informativos comuns empregam, mas a coloquial exagerada, com emprego excessivo de gíria e palavrões. Como se verá adiante, a linguagem sensacionalista não admite distanciamento, nem a proteção da neutralidade. É uma linguagem que obriga o leitor a se envolver emocionalmente com o texto, uma linguagem editorial "clichê" (ver capítulo 4, "Linguagem").

Auclair, em seu livro "Le Mana Quotidien - Structures et fonctions de la chronique des faits divers", recorre à psicanálise e utiliza os conceitos freudianos de "denegação" e "pulsão de morte", para sustentar sua tese de "satisfação simbólica", relacionada com a "catarse" (outro termo criado por Freud) que ocorreria na leitura diária de *fait divers*.

Auclair, ao utilizar expressões como "sonhos purificadores" de "compensação", "violência perpetrada ou sofrida por procuração", "sofrimento masoquista", entre outras, sugere caminhos que convergem na

---

9. Segundo Freud, uma pulsão tem a sua fonte numa excitação corporal (estado de tensão); "o seu objetivo ou meta é suprimir o estado de tensão que reina na fonte pulsional; é no objeto ou graças a ele que a pulsão pode atingir a sua meta". (LAPLANCHE, Jean. *Vocabulário de Psicanálise*. São Paulo, Martins Fontes, 1991.)

linha de pesquisa que tracei para melhor compreender o sensacionalismo. Demonstra assim que é preciso acrescentar um ponto de vista psicanalítico ao estudo da comunicação. Opinião que se reforça ao se comparar a similitude das colocações de Auclair com as de Pedroso: "A narrativa (sensacionalista) transporta o leitor; é como se ele estivesse lá, junto ao estuprador, ao assassino, ao macumbeiro, ao seqüestrador, sentindo as mesmas emoções. Essa narrativa delega sensações por procuração, porque a interiorização, a participação e o reconhecimento desses papéis, tornam o mundo da contravenção subjetivamente real para o leitor. A humanização do relato faz com que o leitor reviva o acontecimento como se fosse ele o próprio autor do que está sendo narrado" [10]. É na exploração das perversões, fantasias, na descarga de recalques e instintos sádicos que o sensacionalismo se instala e mexe com as pessoas. É no tratamento antianódino da notícia, quase sempre embalada em um caleidoscópio perverso, que o sensacionalismo se destaca dos informativos comuns.

"O trinômio escândalo-sexo-sangue aponta, pois, para os três níveis de maior enfoque do jornal sensacionalista, sendo a moral, o tabu e a repressão sexual e, por fim, a liberação das tendências sádicas do leitor o fundo sociopsicológico desse tipo de jornalismo" [11].

O meio de comunicação sensacionalista se assemelha a um neurótico obsessivo, um ego que deseja dar vazão a múltiplas ações transgressoras — que busca satisfação no fetichismo, voyeurismo, sadomasoquismo, coprofilia, incesto, pedofilia, necrofilia — ao mesmo tempo em que é reprimido por um superego cruel e implacável. É nesse pêndulo (transgressão-punição) que o sensacionalismo se apóia. A mensagem sensacionalista é, ao mesmo tempo, imoral-moralista e não limita com rigor o domínio da realidade e da representação. Nessa soma de ambigüidades se revela um agir dividido, esquizofrênico.

O que parece preponderar nesse gênero é a influência do meio como catarse ainda que as preocupações críticas em relação ao conteúdo mediático, partindo principalmente de leigos temerosos das possíveis influências negativas desses veículos, tenham sempre como ponto de partida a mimese. Ou seja, o meio atuando como agente influenciador e posicionador de conduta. Não foi essa a impressão relevante que se tirou na conclusão deste trabalho. Como se verá nos capítulos posteriores, o meio sensacionalista aparece como agente catártico das instâncias psíquicas, determinadas pela psicanálise. Meio, como artifício de realização, por procuração, do inconsciente.

---

10. PEDROSO, Rosa Nívea. *A Produção do Discurso...*, op.cit.
11. MARCONDES FILHO, Ciro. *O Capital da Notícia*. Op.cit.

2
HISTÓRICO

O jornalismo impresso sensacionalista tem um início incerto e difícil de se precisar. Embora algumas enciclopédias dêem como referência o final do século passado, e atribuam aos editores Joseph Pulitzer e William Randolp Hearst a responsabilidade pela implantação desse gênero jornalístico, o fato é que o sensacionalismo parece ter se enraizado na imprensa desde seus primórdios.

Ao se analisar a origem da imprensa em dois países diferentes: França e Estados Unidos, verifica-se que o sensacionalismo está ali, na origem do processo. Na França, por exemplo, entre 1560 e 1631, aparecem os primeiros jornais franceses — "Nouvelles Ordinaires" e "Gazette de France".

Segundo Seguin, a "Gazette" se parecia com os jornais sensacionalistas que são feitos atualmente, trazendo *fait divers* fantásticos e notícias sensacionais "que agradavam a todos".

Antes mesmo destes dois jornais, já haviam surgido brochuras, que eram chamadas de "occasionnels", onde predominavam "o exagero, a falsidade ou inverossimilhança (...) imprecisões e inexatidões" [1]. Esses "occasionnels" relatavam também *fait divers*.

No século XIX, faziam muito sucesso na França os "canards", jornais populares de apenas uma página, impressos na parte frontal e que comportavam título, ilustração e texto. Os "canards" mais procurados, segundo Seguin, eram os que relatavam *fait divers* criminais: crianças martirizadas ou violadas, parricídios, cadáveres cortados em pedaços, queimados, enterrados. Assim como eclipses, cometas, grandes catástrofes, tremores de

---

1. SEGUIN, Jean-Pierre. *Nouvelles à Sensation, Canards du 19ᵉ. Siècle.* Paris, Armand Colin, 1959.

terra, inundações, desastres de trem, naufrágios. Os vendedores de "canards" saíam às ruas aos gritos, chamando a atenção do público para suas manchetes e irritando os mais sensíveis: "De manhã à noite, o canardeiro percorre todas as ruas da capital, gritando com todos os pulmões um sem-número de acontecimentos (...) e tudo com a autorização do senhor chefe de polícia" [2]. Além de "pato", o termo "canard" significa também conto absurdo, fato não-verídico, cambalacho e, posteriormente, folhetim ilustrado.

Alguns exemplos de manchetes dos "canards" e dos "occasionnels": "Um crime abominável !!! Um homem de 60 anos cortado em pedaços" com o subtítulo: "Enfiado em uma lata e jogado como ração aos porcos". Outra manchete: "Um crime pavoroso: seis crianças assassinadas por sua mãe". Mais uma: "Um crime sem precedentes !!! Uma mulher queimada viva por seus filhos".

Nos Estados Unidos, onde essa maneira de fazer jornalismo ganhou impulso e conformação de gênero, nota-se que o primeiro jornal americano tinha características sensacionalistas. Para Mott, "nós podemos encontrar sensacionalismo em *Publick Occurrences*, primeiro jornal americano" [3].

Editado pelo gráfico inglês Benjamin Harris, "Publick Occurrences" teve apenas uma edição, publicada em 25 de setembro de 1690, onde informava aos seus leitores sobre uma epidemia de sarampo que atingia Boston, chamava os índios de "selvagens miseráveis" e relatava uma cascata (história inventada para preencher espaço no jornal), onde dizia que o rei francês tinha tomado "liberdades imorais" com a mulher do príncipe e que, por isso, "o príncipe tinha se ofendido".

No final do século XIX, no entanto, surgem dois jornais que vão moldar o gênero sensacionalista, dando-lhe características que ainda hoje são utilizadas: "World" e "Journal".

O "New York World" era editado por Joseph Pulitzer, um inovador do jornalismo impresso. Pulitzer foi o primeiro a publicar um jornal em cores, utilizar "olhos" (textos curtos colocados nos espaços em branco ao lado do logotipo do jornal) e a descobrir o filão que representavam reportagens em tom sensacional, cruzadas com apelo popular, amplas ilustrações e manchetes de igual tom sensacional. Em 1890, o "World" já obtinha um lucro líquido de US$ 1,2 milhão. Em editorial, Pulitzer comentava: "Nenhum outro jornal do mundo conseguiu a metade disso" [4].

Além de servir de modelo para outros jornais, o "World" atraía também a atenção do filho único do milionário George Hearst, William

---

2. Apud SEGUIN, Jean-Pierre. *Canards du Siècle Passé*. Paris, Pierre Horey, 1969.
3. MOTT, Frank Luther. *A History of Newspaper in the United States...*, op. cit.
4. JONES, Robert W. *Journalism in the United States*. Estados Unidos, E. P. Dutton, 1947.

Randolph Hearst, que iria se tornar "a mais controvertida figura do moderno jornalismo, depois que sua carreira de 64 anos como *publisher* foi encerrada"[5].

Quando era estudante, Hearst trabalhou como foca (repórter iniciante, sem experiência) no jornal de Pulitzer. Filho de milionário, Hearst estrearia de verdade no jornalismo aos 24 anos. Começou por cima ao assumir a direção do "San Francisco Examiner", em 1887.

Hearst entrou no concorrido mercado novaiorquino, comprando ironicamente um jornal que tinha pertencido a Albert Pulitzer, irmão do *publisher* do "World". Por apenas US$ 180 mil, Hearst assumiu o controle do "Morning Journal", em 1895.

1. IMPRENSA AMARELA

A entrada de Hearst em Nova York foi marcada por uma concorrência acirrada com Joseph Pulitzer. Os dois jornais, "World" (antes soberano no mercado) e o novo (e desafiador) "Journal" enfrentaram-se e usaram como arma o sensacionalismo.

A origem do termo "imprensa amarela" vem dessa época.

O "World" de Pulitzer, publicava aos domingos uma história em quadrinhos chamada "Hogan's Alley", em cores, desenhada por Outcault. O personagem principal da HQ era um menino desdentado, sorridente, orelhudo, vestido com uma camisola de dormir amarela. A fala do menino orelhudo vinha escrita em sua camisola e não em balões, como seria feito hoje. Como a roupa dele era toda amarela, ficou conhecido por "Yellow Kid".

Quem assistiu ao filme "Cidadão Kane" lembra-se que Hearst, quando passou a dirigir seu jornal, comprou o passe dos melhores jornalistas de Pulitzer. Um deles era o próprio Outcault, que passou a desenhar o "Yellow Kid" para o "Journal". Mas Pulitzer manteve o "Yellow Kid" também no "World", onde passou a ser desenhado por George Luks [6]. Os dois jornais usavam "posters" do "Yellow Kid" para divulgação. O personagem passou a ser um registro simbólico para os críticos do estilo sensacionalista de Pulitzer e Hearst. Ervin Wardman, do "Press", referiu-se em artigo à "imprensa amarela" de Nova York, dando uma conotação pejorativa à cor e o termo "pegou".

Era um mundo ainda sem TV e poucas alternativas de lazer. Os jornais tinham circulações espantosas para a época. Antes da virada do século, os jornais de Pulitzer e Hearst alcançavam tiragens de até um milhão de exemplares/dia.

---

5. EMERY, Edwin & EMERY, Michael. *The Press and America*. Estados Unidos, Prentice Hall, 1984.
6. Idem, ibidem.

Para Mott, as técnicas que caracterizavam a "imprensa amarela" eram: 1) manchetes escandalosas em corpo tipográfico excessivamente largo, "garrafais", impressas em preto ou vermelho, espalhando excitação, freqüentemente sobre notícias sem importância, com distorções e falsidade sobre os fatos; 2) o uso abusivo de ilustrações, muitas delas inadequadas ou inventadas; 3) impostura e fraudes de vários tipos, com falsas entrevistas e histórias, títulos enganosos, pseudociência; 4) quadrinhos coloridos e artigos superficiais; 5) campanhas contra os abusos sofridos pelas "pessoas comuns", tornando o repórter um cruzado a serviço do consumidor.

A imprensa amarela teve curta duração (1890-1900), mas deixou pegadas que foram e continuam sendo seguidas, quando se deseja fazer um jornal sensacionalista.

2. IMPRENSA MARROM

No Brasil, quando se quer acusar pejorativamente um veículo, o termo utilizado é "imprensa marrom", possivelmente uma apropriação do termo francês para procedimento não muito confiável.

Em 1841, Gaetan Delmar escreve no tomo 3 do livro "Français Peints par eux-mêmes": "O canardeiro, *imprimeur marron* (impressor ilegal), sem licença, compõe e produz o canard"[7]. O senso de "marrom" como coisa ilegal, clandestina, aparece no início do século XIX na França. Segundo o "Dictionnaire des Expressions et Locution Roberts", a origem possível do termo marrom teria sido uma apropriação do adjetivo *cimarron,* que se aplicava na metade do século XVII aos escravos fugidos ou em situação ilegal. De acordo com a Enciclopédia Larousse, trata-se de um adjetivo aplicado a pessoas que exercem uma profissão em condição irregular, "médecin marron", "avocat marron". A expressão "imprensa marrom" ainda é amplamente utilizada quando se deseja lançar suspeita sobre a credibilidade de uma publicação.

3. A GUERRA SENSACIONALISTA

A briga entre os jornais de Hearst e Pulitzer alcançou seu ponto culminante com a guerra entre EUA e Espanha, que começou em 1898, durou quatro meses, ao cabo dos quais os EUA tinham ampliado seu império, retirando do domínio espanhol três países: Cuba, Porto Rico e Filipinas. O conflito teria sido insuflado pelos jornais sensacionalistas, que criaram uma psicose de guerra, depois que um navio americano foi afundado no litoral cubano.

---

7. Apud SEGUIN, Jean-Pierre. *Canards du Siècle Passé.* Op. Cit.

Hearst parecia desejar ardentemente um confronto, segundo testemunhou o repórter James Creelman. Creelman conta que Hearst enviou um repórter e um ilustrador a Cuba. O ilustrador deu uma volta por Havana. Conversou com as pessoas. Achou tudo tranqüilo e enviou um telegrama, pedindo para voltar. Hearst teria respondido: "Por favor, fique. Você fornece as ilustrações e eu consigo a guerra."

Depois da "guerra da imprensa amarela", uma lição foi digerida pelos jornalistas que viveram esse período: sensacionalismo e credibilidade se repelem, são incompatíveis.

"O sensacionalismo e as histórias pseudocientíficas naqueles dez anos aumentaram sobremaneira o problema da credibilidade dos jornais, mas esse detalhe foi ignorado"[8].

A partir do início do século XX, já se sabia que quem ousasse seguir a via sensacionalista entraria em rota de colisão com a credibilidade.

---

8. EMERY, Edwin & EMERY, Michael. *The Press and America*. Op.cit.

3
"FAIT DIVERS"

Componente indissociável da imprensa sensacionalista, segundo o Grande Dicionário Universal do Século XIX de Pierre Larousse, *fait divers* é uma rubrica sob a qual os jornais publicam com ilustrações as notícias de gêneros diversos que ocorrem no mundo: "pequenos escândalos, acidentes de carro, crimes terríveis, suicídios de amor, operários caindo do quinto andar, roubo a mão armada, chuvas torrenciais, tempestades de gafanhotos, naufrágios, incêndios, inundações, aventuras divertidas, acontecimentos misteriosos, execuções, casos de hidrofobia, antropofagia, sonambulismo, letargia. Ampla gama de atos de salvamento e fenômenos da natureza, como bezerros de duas cabeças, sapos de quatro mil anos, gêmeos xifópagos, crianças de três olhos, anões extraordinários" [1].

Baillon lembra que *"fait divers* eram relatados em canções" por trovadores populares, durante a Idade Média, antes de se tornarem objeto dos "occasionnels" e, posteriormente, dos "canards" [2]. Para Maffesoli, "em uma sociedade de massa, mas também de comunicação, o *fait divers* é uma informação quente e circunstancial, localizada (...) ele emana de um lugar datado, ele é carne e sangue em sua origem", acrescentando que "como o conto, o carnaval, o jogo pueril, o comentário do *fait divers* permite falar, sem falar, da morte, da violência, do sexo, das leis e de suas transgressões" [3].

---

1. Apud "Autrement", abril de 1988.
2. BAILLON, Jean-Claude. *Complainters et Canards.* In: *Autrement — Fait Divers.* Paris, 1988.
3. MAFFESOLI, Michel. *Une Forme d'Agrégation Tribale.* In: *Autrement.* Paris, 1988.

Para Auclair, *"fait divers* é sempre signo de uma separação das normas que regem as relações fundamentais dos homens entre eles e a natureza"[4].

O sensacionalismo vai buscar no insólito e na extravagância do *fait divers* o ingrediente preponderante da manchete de capa:

"O *fait divers*, como informação auto-suficiente, traz em sua estrutura imanente uma carga suficiente de interesse humano, curiosidade, fantasia, impacto, raridade, humor, espetáculo, para causar uma tênue sensação de algo vivido no crime, no sexo e na morte. Conseqüentemente, provoca impressões, efeitos e imagens (que estão comprimidas nas formas de valorização gráfica, visual, espacial e discursiva do fato-sensação). A intenção de produzir o *efeito de sensacionalismo* no *fait divers* visa atrair o leitor pelo olhar na manchete que anuncia um acontecimento produzido, jornalística ou discursivamente, para ser consumido ou reconhecido como espetacular, perigoso, extravagante, insólito, por isso, atraente"[5].

Morin observa que "no *fait divers* o limite do real ou do inesperado, o bizarro, o crime, o acidente, a aventura, irrompem na vida cotidiana". Morin esclarece que o *fait divers* se situa fora do contexto histórico. "Seus acontecimentos confirmam a presença da paixão, da morte e do destino para o leitor que domina a extrema virulência de suas paixões, reprime seus instintos e se abriga dos perigos"[6].

"No *fait divers,* as proteções da vida normal são rompidas pelo acidente, catástrofe, crime, paixão, ciúmes, sadismo. O universo do *fait divers* tem em comum com o imaginário (o sonho, o romance, o filme) o desejo de enfrentar a ordem das coisas, violar os tabus, levar ao limite a lógica das paixões"[7].

Morin cita Durrel que conceitua *fait divers* como "essas bizarrices do comportamento humano que refletem a natureza verdadeira do homem". Os sonhos inconscientes de sadismo e assassinatos atuam no *fait divers* como "a personificação de instintos, simplesmente reprimidos pelos outros homens, a encarnação de seus crimes imaginários, de suas violências sonhadas", diz Musil, também citado por Morin, que assinala o caráter espetacular e privilegiado do *fait divers*:

---

4. AUCLAIR, Georges. *Le Mana Quotidien: Structures et Fonctions de la Chronique des Faits Divers.* Paris, Anthropos, 1970.
5. PEDROSO, Rosa Nívea. *A Produção do Discurso...,* op. cit.
6. MORIN, Edgar. *L'Esprit du Temps.* Paris, Bernard Grasset, 1962.
7. Idem, ibidem.

"As grandes catástrofes são quase cinematográficas, o crime é quase romanesco, o processo é quase teatral", pontuando que "evidentemente, o caso ideal, mas raro, é o olimpiano em situação de *fait divers* (James Dean se mata num carro. A filha de Lana Turner mata o amante de sua mãe)" [8].

O *fait divers*, ainda de acordo com Morin, vai até o fundo da morte e da mutilação, "com a lógica irreparável da fatalidade". Ele acentua que o horrível, o ilícito, o destino e a morte, irrompendo na vida cotidiana, são consumidos "não como um rito criminal, mas na mesa, no metrô, com café e leite" [9].

Isso ocorreria, segundo o autor de "Espírito do Tempo", porque "as vítimas do *fait divers* são *projetivas*, ou seja, elas são oferecidas em sacrifício à infelicidade e à morte". É como se o leitor ao invés de dizer: "eles morrem em meu lugar", imaginasse: "são os outros que morrem e não eu" [10].

Na França, 300 anos antes da indústria dos "canards" românticos, "o comércio de *fait divers* já era florescente" [11]. Theóphraste Renaudot, fundador da *Gazette de France* (1631), lança edições "extraordinárias" de grandes tiragens, consagradas aos *fait divers* sensacionais [12]. O desenvolvimento das técnicas de impressão dá condições para que outros sigam o exemplo de Renaudot. Editores e mascates aumentam seus rendimentos com a publicação de *fait divers*. A ilustração também é aprimorada tecnicamente e possibilita a representação de crimes e execuções.

"No século XVIII, a admiração por esse gênero de obras-de-arte era tal que os artistas estrangeiros gravavam para os negociantes de França os feitos de bandidos famosos" [13].

Ainda na França, no século XIX, a concorrência entre as gazetas populares e os "canards" se torna acirrada. Para tornar seu produto mais atrativo, os "canardeiros" de Paris passam a relatar vários *fait divers* ao invés de apenas um, incluindo acontecimentos ocorridos em outras cidades: "Tempestade dantesca — Crime horrível cometido em Marselha — Tentativa de roubo contra a guilhotina — O monstro de Elboeuf" [14].

A fórmula dá resultado e é imitada pelos jornais que passam a editar semanalmente cadernos ilustrados de *fait divers*, "cozinhando" os relatos que tinham sido publicados anteriormente pelos "canards". Essa luta pelo

---

8. MORIN, Edgar: *L'Esprit du Temps*. Op. cit.
9. Idem, ibidem.
10. Idem, ibidem.
11. ROMI. *Histoire des Fait Divers*. Milão, Port Royal, 1962.
12. Idem, ibidem.
13. Idem, ibidem.
14. Idem, ibidem.

mercado faz surgir os primeiros jornais especializados em "sang à la une" (sangue na primeira página), como *Fait Divers*, que apareceu em 1862, *Journal Illustré*, de 1863, e vários outros [15].

Monestier aponta para a "estabilidade" da crônica de *fait divers*. "Por trás de sua aparente variedade, um número limitado de temas é incansavelmente repetido" e lembra que "a besta (um dragão), aparecido sobre Paris em 1531 se parece como uma irmã daquela que é vista no céu da Índia no século XVIII" [16]. Monestier considera o *fait divers* "seletivo" e "repetitivo", porque "a despeito de seu aspecto fútil e facilmente extravagante se reporta de preferência sobre problemas maiores, reputados, permanentes, fundamentais e universais: a vida, a morte, a natureza humana e o destino" [17].

Conteúdo heterogêneo de um caldeirão de feiticeira, o *fait divers* abriga o horror, a poesia, o humor:

"As vítimas do bazar de caridade incendiado e seus sofrimentos atrozes, ao lado daquele funcionário que errou de porta e trabalhou durante dois anos em um outro serviço, ou aquele afiador de facas que se estrangulou com uma espinha de peixe"[18]. Ou ainda o caso da farmacêutica que inverteu os papéis e fez o amante ser morto pelo marido. "O fato é muito mais interessante, porque mostra qualquer coisa de ilógico que faz desse homicídio um crime *anormal*" [19].

O *fait divers* pode "suscitar a seus leitores toda a gama de emoção", funcionando no "limite da ambigüidade" que garante sua significação "duvidosa" [20].

"Inconciliável com as normas da razão humana, o ser anormal aparece na crônica (de *fait divers*) como um ser fronteiriço que marca os limites do mundo conhecido e que parece guardar as portas do inferno" [21].

Romi faz uma seleção de *fait divers* curiosos como, por exemplo, um fazendeiro sul-africano que "deu à luz um avestruz" (o fazendeiro tinha achado um ovo e levou-o para casa, colocando-o à noite, debaixo das cobertas); uma menina que ficou com a língua congelada no parapeito de uma ponte e foi salva por "uma massagem de whisky"; ou ainda, a história do pescador que perdeu a dentadura e foi encontrá-la na barriga do peixe; sem contar o parecer favorável de um juiz que concedeu o divórcio a uma mulher que não suportava mais a perversão do marido: ele insistia em ser

---

15. ROMI, *Histoire des Faits Divers*. Op. cit.
16. MONESTIER, Alain. *Fait Divers*. Paris, Musée National des Arts et Traditions Populaires, 1982.
17. Idem, ibidem.
18. Idem, ibidem.
19. Idem, ibidem.
20. Idem, ibidem.
21. Idem, ibidem.

tratado como um cavalo, "trotando" nu pelo quintal, enquanto recebia chicotadas da mulher.

Certos autores (Monestier e Romi) têm a opinião de que muitas obras-primas da literatura foram baseadas em *fait divers*. Dão como exemplo "Romeu e Julieta", "Madame Bovary", "O Vermelho e o Negro" e "Werther". Em *"Histoire des Faits Divers"*, são comparadas algumas obras com as notícias que teriam servido de inspiração para seus autores. Em novembro de 1772, Goethe lê a notícia de que o jovem Karl Wilhelm Jerusalem tinha sido encontrado morto em seu quarto. Ele se suicidara com um tiro na testa. Goethe não só o conhecia, como tinha mantido uma paixão platônica (e intensa) por Charlotte Buff, noiva de Jerusalem.

Em seu livro, Goethe descreve como "Werther" se suicida e a descrição é muito semelhante à nota transcrita por um amigo comum, Kestner:

"De manhã, antes das seis horas, o doméstico entra no quarto de seu patrão para lhe acordar: a vela tinha se consumido, o quarto estava sombrio; ele viu Jerusalem estendido sobre o solo molhado e pensou que se tratava de vômito, mas percebeu no chão, a pistola e, principalmente, o sangue..."
"Associando a lembrança de sua paixão por Charlotte aos detalhes do suicídio de Jerusalem, Goethe escreveu "Werther" de um só fôlego, em um mês, num estado próximo ao do sonambulismo" [22].

Na descrição de Goethe, "Werther" também era encontrado por seu criado e a cena assim descrita:
"Na manhã seguinte, às seis horas, o doméstico entra com a claridade. Encontra seu patrão no chão, a pistola, o sangue...O tiro tinha sido dado por cima do olho direito. O cérebro arrebentado..."

Um outro *fait divers*: no dia 22 de julho de 1827, o seminarista Antoine Marie Berthet entra na igreja de Brangues e fere gravemente com um tiro de pistola, "uma mãe de família de boa reputação", madame Michoud de la Tour. Berthet afirmaria durante a investigação que agira por ciúmes porque tinha sido "substituído" no coração de madame Michoud. O seminarista foi condenado à morte em 23 de fevereiro de 1828.

De acordo com "Histoire des *Faits Divers*", Stendhal teria recuperado o caso e construído, com a estrutura de *fait divers*, seu romance "O Vermelho e o Negro".

Flaubert, no sentido oposto, negou sempre que "Madame Bovary" tivesse sido inspirado em um *fait divers*. Mas a mulher que morreu "de tédio, amor e vergonha" seria muito semelhante a Delphine Couturier, mulher do médico Delamare, que vivia em Ry, região muito parecida com aquela descrita por Flaubert em seu livro [23].

---

22. ROMI, *Histoire des Faits Divers*. Op. cit.
23. Idem, ibidem.

O *fait divers* também estimulou a criação nas artes plásticas. O quadro "Le Naufrage de la Méduse", de Théodore Géricault, retrata o naufrágio de uma fragata, com 400 pessoas a bordo, ocorrido em 2 de julho de 1816. Parte da tripulação, incluindo os oficiais de comando, chegou ao seu destino (Senegal), utilizando os barcos salva-vidas enquanto 149 passageiros — entre os quais uma mulher — foram colocados numa jangada precária que ficou à deriva por oito dias. Houve luta pelos víveres e pela reserva de água; depois, canibalismo, suicídio e carnificina. Apenas 15 pessoas sobreviveram. Géricault entrevistou alguns dos resgatados. Fez um carpinteiro construir um modelo da jangada, que colocou num atelier amplo, que ele alugou especialmente para pintar este quadro. O atelier ficava próximo ao hospital Beaujon, onde o pintor se deslocava às vezes para retratar os doentes, cadáveres e membros amputados. O pintor raspou o cabelo para afastar a tentação da convivência mundana, e trabalhou oito meses seguidos em seu quadro que foi concluído e exposto em 1819. A tela causou péssima impressão. Géricault morreu aos 33 anos, em 1824. Seu quadro foi vendido por 6 mil francos ao museu do Louvre [24].

Hoje, "Le Naufrage de la Méduse" continua exposto no museu do Louvre e é considerado uma das obras-primas da pintura francesa, impressionando por sua força dramática, cores fortes e movimento.

Há autores que confundem *fait divers* com sensacionalismo. Monestier, por exemplo, não vê diferença entre a forma narrativa e a notícia. Assim, ele afirma que o *fait divers* "não pretende chegar à inteligência do leitor, mas lhe provocar reações subjetivas e passionais". E ainda: "para apossar-se da intimidade de sua consciência, a notícia deve, por todos os artifícios, abolir a distância que separa o leitor do acontecimento. Toda arte consiste em dar ao público a ilusão de que ele é participante da ação (...) Dentro da visão do *fait divers*, a neutralidade não é possível". Na realidade, Monestier não está falando de *fait divers*, mas de sensacionalismo.

O envolvimento preconizado por Monestier não ocorre simplesmente entre a notícia e o leitor, mas na forma como esta notícia é redigida e editada.

Por isso, a relação texto-público que o autor apregoou ao *fait divers* se aplica mais à linguagem sensacionalista e aí essa relação pode ser melhor compreendida.

Para Monestier, o *fait divers* se apresenta, freqüentemente, "como um campo aberto, onde o leitor é convidado a projetar suas próprias fantasias (...) os jornais exprimem sentimentos ambíguos nos quais a muito custo se reconhece se aquilo que importa é a admiração pelo transgressor da ordem, ou a reprovação indignada de seu ato". Monestier reconhece que "a leitura de uma reportagem nunca é inocente" e não é recebida pelo público "como simples informações". Ao analisar campanhas ocasionais que jornais

---

24. ROMI, *Histoire des Faits Divers.*Op. cit.

sensacionalistas fazem em favor da pena de morte, o autor destaca ainda que "ao reivindicar o rigor do cadafalso, o público busca talvez eliminar simbolicamente o desejo assassino que ele prova inconscientemente em si mesmo" [25].

Auclair refere-se várias vezes à "imprensa sensacionalista", "folhetins sensacionais", sem fazer, no entanto, uma demarcação precisa entre informativos comuns e sensacionalistas. Para Auclair, haveria no interesse pelo *fait divers* a "satisfação simbólica" do que foi denegado.

"A crônica (de *fait divers*) aparece sobretudo como lugar de satisfação simbólica das frustrações mais elementares, onde se busca dar a equivalente ilusão de uma experiência total do homem, através do excepcional, atípico, desviante, a viver ficticiamente a impossível transgressão da ordem social — a roubar e a matar em sonho (...) Da mesma forma que o ator, o transgressor é um atípico que assume a função de símbolo social" [26].

Cita Freud para dizer que "todo espetáculo, que acione a supressão ao menos momentânea do recalcado, aliviando o imaginário das pulsões e dos instintos anti-sociais, possui uma função terapêutica, catártica"[27].

Se Auclair está se referindo apenas à imprensa sensacionalista, não há nenhuma objeção a fazer. Mas se ele está reputando a toda publicação (que noticie *fait divers*) uma "função terapêutica", incorre na mesma generalização de Monestier.

Como se vê nestas colocações, parece haver uma fronteira invisível, um campo de força que impede a progressão da análise. A abordagem meramente sociológica (ou semiótica) consegue explicar como é feita a produção, seleção e edição de um veículo sensacionalista; responde-se a questões de forma, ideologia e mercantilização. Mas não se avança no fundamento, naquilo que é a essência mesma do sensacionalismo: a carga pulsional, assunto do próximo capítulo.

---

25. MONESTIER, Alain. *Fait Divers*. Op.cit.
26. AUCLAIR, Georges. *Le Mana Quotidien...*, op.cit.
27. Idem, ibidem.

4
LINGUAGEM

A utilização de linguagem sensacionalista na transmissão da informação não é privilégio da imprensa. Ela é também empregada pelo telejornal e o radiojornal. O propósito deste trabalho, no entanto, é o de compreender o sensacionalismo na imprensa e, em segundo plano, mostrar como isso ocorre no jornal *Notícias Populares*. Seria necessário realizar uma pesquisa específica desses meios (rádio e TV), destacando possivelmente um ou outro programa para entender quando o veículo sai de sua linguagem habitual e passa a enveredar pela via sensacionalista. Mesmo assim vou comentar neste capítulo em quais sistemas básicos de comunicação os mídia atuam e sua relação com o sensacionalismo.

Em suas análises sobre os meios, Prokop se preocupa em "desmontar" o conteúdo dos produtos de comunicação de massa. Nesse "desmonte" chega a alguns elementos que formariam a síntese dos produtos de monopólio: signos, fantasias-clichê e estereótipos. Os dois primeiros (signos e fantasias-clichê) representam uma tentativa de Prokop de dar aplicabilidade à teoria de Lorenzer de signo e clichê.

No texto "Fascinação e Tédio na Comunicação: Produtos de Monopólio e Consciência", Prokop transforma os conceitos originais de Lorenzer, em um amálgama, como se verá mais adiante. Em "Signos de Felicidade e Destruição. Holocausto: a estrutura de um produto internacionalizado de comunicação", Prokop dá uma série de definições e de explicações sobre signo. São as seguintes:

"Signo não é um conceito semiótico", ele explica pedagogicamente, "mas um termo utilizado para determinada situação de vivência, para um tipo de defesa da experiência". Mais adiante: "a formação de signos é do pon-

33

to de vista psicanalítico uma delimitação do ego em relação ao objeto" [1].

Prokop reforça a definição de signo, em "Fascinação e Tédio na Comunicação":

● "Signos são símbolos fixados de forma unívoca em sua significação e funcionalizados";

● "A significação precisa, fixada claramente, funcionalizada, tem sempre uma referência à realidade, aliás mais do que possui o estereótipo: os valores psíquicos de fantasia, por exemplo, de sensação e de agressão, que transmitem as imagens, os valores, os gestos e as posses já foram testados";

● "Nesta medida, os signos são inteiramente *verdadeiros* e, ao mesmo tempo, de forma complexa: falsos";

● "Signo não deve aqui ser entendido no sentido da semiótica, como por assim dizer, suportes indiferenciados de comunicação, que fazem a mediação entre significante e significado";

● "Os signos não possuem referência real ao objeto; eles representam o objeto caracterizado, somente em sua superfície" [2].

Ao falar sobre "a elaboração dos desejos no sentido de uma formação sígnica", Prokop se refere aos mecanismos de defesa, utilizados pelo ego, diante de desejos "cuja presença indecifrada na consciência seria desagradável ou destrutiva". Um desses mecanismos (o signo) é uma "completa limitação do ego em relação ao objeto (...) Homens e coisas tornam-se disponíveis como fichas de jogo. Isso corresponde a uma relação instrumental, manipulativa com o mundo" [3].

Sobre clichê, ele diz:

> "Se possuímos, no caso da formação de signos como forma de fantasia, uma necessária separação entre o sujeito e o objeto, outro princípio de defesa (clichê) caracteriza-se então em essência, por meio de uma fusão inconsciente, de um amoldar-se mútuo entre ego e objeto (...) Aquilo que é recalcado nos clichês inconscientes tenta retornar, procura conseguir acesso à consciência e expressar-se no agir cênico sempre igual. Surge uma fantasia determinada pelo clichê" [4].

Em seguida, ao discorrer sobre "a elaboração dos desejos no sentido de uma determinação como clichê", Prokop escreve: "Se temos na signalidade uma separação necessária entre o sujeito e o objeto, o outro princípio fundamental de defesa caracteriza-se por uma fusão, por um misturar-se inconsciente do ego com o objeto" [5].

---

1. PROKOP, Dieter. *Sociologia*. São Paulo, Ática, 1986.
2. Idem, ibidem.
3. Idem, ibidem.
4. Idem, ibidem.
5. Idem, ibidem.

Mais adiante, Prokop lembra que "aquilo que é recalcado no clichê tenta retornar, busca encontrar uma saída para a consciência e expressa-se no agir cênico sempre repetido". Prokop faz referência a Freud que, ao mencionar o recalque, lembra que aquilo que é recalcado tenta sempre retornar ao consciente, obrigando a ação de uma "contra-pressão incessante". Assim, diz Prokop, "surge a fantasia-clichê. Esta implica todas as características do clichê inconsciente: forte esquematização, necessidade de repetição, estabilidade por meio de fantasias orais, genitais etc." [6].

Alguns parágrafos depois, Prokop junta os dois conceitos: signo e clichê:

"Fantasias-clichê — como desejos e medos — dominam nos produtos de monopólio: fantasias edipianas, fantasias de poder, de destruição, de punição e perseguição, fantasias canibais, de devoração, fantasias sexuais, anais, orais, genitais: tudo isso, porém, em *construção sígnica*" [7].

Antes de discutir essas colocações de Prokop, será preciso rever Lorenzer e encontrar no texto "El lenguage destruído y la reconstrucción psicanalítica" algumas referências que vão facilitar a compreensão conceitual.

Tanto o signo, quanto o clichê, têm origem no símbolo. Cabe ao ego ser o centro de formação de símbolos, recebendo impulsos "em lugares muito distintos: entre outros também no inconsciente", com seu "acervo" de conteúdos reprimidos:

"A formação de símbolos, portanto, se desenvolve da forma seguinte: há conteúdos inconscientes que sob determinadas circunstâncias são *liberados* pelo inconsciente para ser incorporados e elaborados pelo ego consciente" [8].

Lorenzer dá como exemplo o sonho que é produto de "uma percepção *interior* que recolhe estes materiais perceptivos de difícil acesso". Diz que "os representantes conscientes têm o caráter de símbolos; em troca, os inconscientes são estruturas não-simbólicas. Proponho chamá-los de clichês". Lorenzer explica que os clichês, "isto é, os representantes inconscientes, provêm de representantes simbólicos que foram formados no curso do processo de socialização e *ex-comunicados,* isto é, (...) excluídos da comunicação dentro da linguagem e da ação" [9].

---

6. PROKOP, Dieter. *Sociologia.* Op. cit.
7. Idem, ibidem.
8. LORENZER, Alfred. *El Lenguaje Destruído y la Reconstrucción Psicanalítica.* Buenos Aires, Amorrotu, 1970.
9. Idem, ibidem.

Os clichês, segundo Lorenzer, obedecem às seguintes peculiaridades: "1) cumprem a mesma função que os símbolos, desde o ponto de vista dinâmico; podem ser catecizados; 2) podem ser transformados em símbolos e foram transformados a partir de símbolos; 3) embora os símbolos possam ser evocados independentemente de uma situação real, os clichês necessitam de uma disposição cênica para o seu desencadeamento. Quando ela se apresenta, se inicia um processo que se faz especialmente dramático e patente no caso de atuar histórico (...)" [10].

Para Lorenzer, "as descargas pulsionais integradas com clichês estão estritamente determinadas. É tão estreita sua ligação com o estímulo acionador cênico que se fala em *compulsão de repetição"*. Quando fala em "conduta determinada por clichês", Lorenzer destaca: não-cognoscibilidade, determinação, descarga não-diferida, irreversibilidade, independência e tendência ao ajuste, aderência ao meio, isto é, a *uma cena* e a *uma reprodução cênica* (ou seja, compulsão de repetição) [11].

Ao falar sobre signo, Lorenzer acentua que "existe outra linha de mudança no âmbito dos símbolos mesmo. Os representantes podem trocar pouco a pouco seu caráter de *símbolos* pelo de *signos*. É um crescente esvaziamento de significado, que deve entender-se como debilitamento do *significado emocional para o sujeito* (...) Do mesmo modo, a transformação de símbolos em signos equivale a uma crescente objetivação". E ainda: "Na disposição neurótica obsessiva do distanciamento e da intelectualização, por outro lado, a simbolização avança pouco a pouco até uma ampla transformação do símbolo em signos". Já os clichês representam: "a fusão de si mesmo com o objeto" [12].

Lorenzer salienta que a formação de signo representa "perda de significado, ou perda de ressonância", as relações "perdem calor, vivacidade, espontaneidade. Não significam nada". Lorenzer acentua:

"Pode comprovar-se um progressivo esvaziamento de significado que deve ser entendido como esvaziamento de *significado emocional* para o sujeito. Perda de ressonância significa aqui perda de interesse do sujeito pelos objetos" [13].

Marcondes Filho, em "Televisão — a Vida pelo Vídeo", aborda esses dois conceitos (signo e clichê) e faz uma "limpeza de área" didática. Marcondes Filho esclarece que "o signo atua em dois lados: na cabeça do receptor e no produto de comunicação que o receptor vê, pois o produto é realizado por pessoas que também elaboram os pensamentos como signos. A produção sígnica só tem efeito se realiza essa dualidade de forma plena".

---

10. LORENZER, Alfred. *El Lenguaje Destruído...,* op. cit.
11. Idem, ibidem.
12. Idem, ibidem.
13. Idem, ibidem.

O signo, assim como o clichê, é um mecanismo de defesa:

"Primeiramente, vejamos o signo na cabeça do telespectador. Ele age como um mecanismo de defesa do ego, pois baseia-se na necessidade que se tem de negar a realidade, de recalcar as experiências desagradáveis, evitando os conflitos com as normas sociais ou com as situações de vida. Seu funcionamento é o seguinte: o ego não se envolve com o objeto, ou seja, com a cena musical, com a dor, com a alegria transmitida no vídeo. Tudo fica do lado de fora do sujeito; ele toma conhecimento do que vê, mas se mantém indiferente, distante. Cria-se então uma barreira, um bloqueio, que impede o envolvimento afetivo e emocional. O signo aqui é um escudo contra as emoções fortes" [14].

O autor prossegue:

"O signo, portanto, é uma representação neutralizada de ações (elas seriam terríveis de outra maneira) é um encaixe perfeito para a necessidade humana de distanciar-se dessas ações. No telespectador, há um mecanismo do escudo psíquico, que o faz eliminar ou rebater tudo o que é desagradável e que mexe com seus problemas recalcados. No filme, há, na forma rígida de filmar, montar, sonorizar, um mecanismo que facilita esse trabalho do receptor, pois prepara conteúdos que se encaixam perfeitamente nas defesas das pessoas. É por esse caminho, totalmente inconsciente, que a televisão reafirma e conserva posições, opiniões e comportamentos" [15].

E Marcondes Filho conclui:

"Em síntese, o signo representa qualquer fato social, pessoas, objetos, situações e acontecimentos, o mundo real, sem ferir ninguém, pois tudo já vem 'domesticado'. Os signos filtram as desgraças, os problemas, as dores reais e, através disso, fazem com que os telespectadores convivam mais naturalmente com a miséria, com a violência, tornando mais digerível sua vida" [16].

Sobre clichês, Marcondes Filho vai dizer o seguinte:

"Contrariamente ao signo, em que o telespectador não sente a violência das mensagens televisivas, porque mantém um escudo contra elas, aqui, ele se entrega à estória, sente emoção, se entristece, chora, sente saudade, vive com a personagem. Ou seja, se na linguagem dos signos ele se separa da emoção, na linguagem dos clichês ele

---

14. MARCONDES FILHO, Ciro. *Televisão: a Vida pelo Vídeo*. São Paulo, Moderna, 1988.
15. Idem, ibidem.
16. Idem, ibidem.

se funde com ela, se entrega a ela. O que distingue essa fusão dos sentimentos reais, das emoções verdadeiras, é seu caráter de clichê, que significa que as tristezas, as dores, as lágrimas relembram inconscientemente ao telespectador momentos emocionalmente fortes de sua vida. Essas emoções, entretanto, permanecem mentais, platônicas e não retornam à realidade atual; funcionam como sonhos secretos. Vários são os clichês que aparecem nos produtos de televisão e que apelam para os sentimentos das pessoas, fazendo-as se emocionar (...). Enquanto no signo o indivíduo isola, racionaliza (dá explicações falsas), intelectualiza suas emoções, no clichê o acesso à lembrança é espontâneo e natural.

O clichê retrata o emocional, que busca insistentemente uma saída para a consciência, caracterizada pela forma repetitiva de agir (...) É também característica do clichê que essas imagens de felicidade, de agressividade, com as quais o receptor se identifica, não se aproximem da experiência real vivida pelas pessoas: no momento de sua expansão elas são interrompidas e desviadas para as imagens ou esquemas convencionais, que descarregam essa tensão" [17].

Quando Prokop fala em "fantasias-clichê em construção sígnica", passa-se a entender melhor a estrutura dos filmes de cineastas que trabalham com orçamentos expressivos e não podem errar, precisando fazer um produto de consumo monopolista, multinacional e de retorno obrigatório. Dois exemplos: os filmes "Robocop" e "Exterminador do Futuro". Há nesses dois filmes um constante questionamento e reconstrução da ordem, com valores "desrespeitados, atacados e novamente restaurados" [18].

"É um jogo necessário de fantasia, pois repete-se todas as vezes na estrutura do produto e nas expectativas; é uma tentativa de tornar-se consciente do que custa o desvio das normas" [19].

Em "Robocop" (refiro-me ao primeiro exemplar da série), um policial vive em uma cidade violenta, onde existe uma guerrilha urbana entre policiais e contraventores. É montada uma cena de felicidade-clichê do policial com sua família em contraposição ao caos na cidade. Durante uma ronda, esse mesmo policial cai em uma cilada e é fuzilado. Essa execução é mostrada em vários ângulos. Parece até existir uma intenção em colocar o espectador em primeiro plano, como se ele estivesse praticando a execução. De qualquer maneira, fica evidente que os assassinos do policial são reflexos de impulsos homicidas que precisam ser domesticados. Em outra cena, os contraventores se sentem imbatíveis, poderosos e passam a

---

17. MARCONDES FILHO, Ciro. *Televisão: a Vida pelo Vídeo*. Op cit.
18. PROKOP, Dieter. *Sociologia*. Op.cit.
19. Idem, ibidem.

destruir a cidade, lançando granadas incendiárias em lojas, destruindo carros, "a ordem", "a cultura". Nesse momento, depois de uma reconstrução cibernética, o policial ressurge como "Robocop" (reconstruído em aço, superego encouraçado) que vai destruir os transgressores e "restituir a ordem".

Em "Exterminador do Futuro" (refiro-me ao primeiro filme) não é o "superego" que é indestrutível e blindado, mas o "id". Caberá ao ego (um homem e uma mulher "normais") destruí-lo, ou "neutralizá-lo". O personagem principal é um robô-exterminador que vem do futuro para matar uma mulher. Também do futuro vem um guardião, um homem "comum", que será o anjo da guarda da mulher e vai protegê-la para que ela consiga ter o filho que vai "salvar a humanidade". Maria e José fugindo para o Egito.

O "Exterminador" joga constantemente com fantasias de onipotência, segurança, desrespeito de valores, destruição da ordem, questionamento da autoridade, insubmissão, inconformismo, indestrutibilidade. O espectador vê seu id "projetado". Há algumas cenas, onde esses pontos parecem bastante nítidos. Exemplos: 1) o Exterminador entra em uma loja. O vendedor o atende e exibe uma série de armas. O Exterminador compra todas e, além de não pagá-las, faz "melhor": fuzila o vendedor; 2) o Exterminador "enxerga" no escuro, atira em multidões, em carros, até em delegacias. E ainda: mata mais de uma dezena de policiais. A delegacia (a ordem) e os policiais (superegos nuclearizados) não são capazes de detê-lo. "Id" privilegiado, sem a intermediação de um ego comedido e desprovido de instância moral, o Exterminador pode matar e destruir à vontade. Ele é o protótipo de "inimigo da civilização" descrito por Freud.

É claro que um "id" liberto e destrutivo não pode ficar à solta por aí. Vai caber a dois humanos (dois egos) liquidá-lo. Acabar com sua onipotência, segurança, insubmissão e indestrutibilidade. Reconstrói-se a ordem e a autoridade. Os valores se encaixam nos lugares de costume. A mulher vai gerar seu filho em segurança e prepará-lo para enfrentar a ameaça do futuro, restabelecendo a "ordem", de que fala Prokop.

Como essas fantasias-clichê podem ter sido montadas em construção sígnica? Retomando o que foi dito até agora, verifica-se que elas não poderiam ser exibidas de outra forma. Senão, ninguém conseguiria assistir a esse gênero de filme, comendo pipoca na sala do cinema. Todas as execuções, as mortes, as eliminações de pessoas só podem ser mostradas signicamente. O público precisa desse distanciamento. Mas tem necessidade também de envolvimento, de fascinação, de fantasias-clichê.

Os mídia, quando querem ser sensacionalistas, não podem atuar de forma sígnica. A linguagem editorial sensacionalista é a do clichê. O sensacionalismo não admite distanciamento, neutralidade, mas busca o envolvimento, busca "romper o escudo contra as emoções fortes" [20]. É preciso chocar o público. Fazer com que as pessoas se entreguem às emoções e vivam com os personagens. A linguagem editorial precisa ser chocante e causar impacto. O sensacionalismo não admite moderação. Na televisão, a edição de um jornal sensacionalista não pode ser a mesma de um jornal analítico-informativo. Há necessidade de mostrar justamente o que o outro não mostra. O repórter tem que provocar emoção, precisa narrar a notícia em tom dramático. A edição não pode cortar a imagem da mãe que chora desesperada a morte de seu filho. Ao contrário, deve, de preferência, mostrar o cadáver, ou o sangue no chão (se a reportagem tiver chegado tarde). Quando o repórter do jornal de TV sensacionalista estiver entrevistando, por exemplo, um estuprador de menores, não pode igualmente optar pela objetividade e distanciamento. O ideal é assumir o papel de "superego" e ser bastante agressivo com o transgressor, usando o microfone, as imagens e as perguntas como um chicote punitivo (esse exemplo se encaixa nas entrevistas que eram feitas pelo repórter Gil Gomes no telejornal "Aqui Agora").

No rádio, o programa sensacionalista não pode se limitar a informar que Fulano de Tal matou Sicrano por ciúmes. É importante entrevistar o assassino para que ele descreva detalhadamente como foi o crime, quantas facadas deu no rival, se está arrependido ou se faria de novo. A mulher também deve falar e dar suas impressões. A edição deve ser nervosa. Mesclar depoimentos e a narração de um locutor experiente em dramatizar a notícia. No caso de um ladrão que matou, por exemplo, um motorista de táxi para roubar a féria do dia, além do depoimento do assassino, a tendência do programa sensacionalista de rádio é intercalar a opinião de um comentarista com o depoimento do criminoso. Como se fosse em capítulos, o assassino conta como agiu e, em cada interrupção da edição, entra o comentarista xingando, vociferando, exteriorizando e socializando a repulsa do público. Essa "revolta" programada do comentarista é usufruída "por procuração" pelo público. O comentarista diz aquilo que o ouvinte gostaria de estar dizendo para o criminoso. O ouvinte não sabe que se trata de um trabalho de edição. Imagina que o comentarista e o assassino estão face a face. Isso dá mais satisfação ainda aos ouvintes que sentem inveja da coragem do comentarista em desafiar um criminoso confesso, um comentarista que obriga o ladrão, o assassino, a depor e contar "toda a história" (este exemplo de edição sensacionalista do rádio foi tirado de um programa que era feito em São Paulo por Afanásio Jazadgi).

Como se vê, o sensacionalismo não se limita assim ao reduto do veículo impresso, mas se estende ao telejornal e ao radiojornal. Como fazer, então, para identificar um telejornal ou radiojornal sensacionalista?

— O leitor poderia perguntar, insatisfeito com o que foi apresentado até

---

20. MARCONDES FILHO, Ciro. *Televisão: a Vida pelo Vídeo.* Op.cit.

aqui. E mais, poderia acrescentar outra pergunta: "E o que isso tem a ver com a linguagem, tema deste capítulo?"

Como resposta, poderia ser dito que sensacionalismo é basicamente uma forma diferente de passar uma informação; uma opção; uma estratégia dos meios de comunicação. Mesmo um telejornal (ou radiojornal) não-sensacionalista pode ter em alguns momentos de sua produção momentos sensacionalistas. Como se disse, trata-se de um gênero (sinônimo aqui de estilo). O telespectador, ou o ouvinte, precisa de espírito crítico para entender quando ocorre a mudança da *linguagem objetiva*, para a sensacionalista. Nessa transposição de linguagem é que pode ocorrer o sensacionalismo.

Deve-se salientar que o envolvimento emocional, o aparecimento do clichê, não é por si só sensacionalista. Um telejornal (ou radiojornal) não-sensacionalista pode mostrar imagens dramáticas (ou relatos) que emocionem as pessoas. Por exemplo, quando a polícia resgata uma criança seqüestrada e ela corre para ser abraçada por seus pais, depois do abraço emocionado, a família chora e diz algumas palavras para os repórteres. É uma imagem forte, de impacto emocional garantido. Clichê de felicidade familiar. Mas para essa história ser utilizada de forma sensacionalista é preciso que seja editada e relatada, reforçando constantemente os clichês, que apareceriam o tempo todo envolvendo a edição e não apenas em fragmentos. O telejornal sensacionalista não pode ter equilíbrio entre o signo e o clichê. A apresentação deve ser chocante, exigindo o envolvimento emocional do público. Haveria mais imagens de gente chorando (às vezes, o repórter também se "emociona" e chora com os personagens principais da notícia). A cenas seriam centralizadas na ação policial, mostrando armas e o assalto dos policiais à casa, onde a criança estaria presa. O repórter, acompanhado pela equipe, entraria em seguida, como se fizesse parte da força de resgate, proporcionando prazer vicário ao telespectador, como se ele não estivesse protegido em sua casa, mas participando da ação repressiva. O tom da narração seria carregado de dramaticidade e a edição poderia ser apresentada como se fossem "capítulos" de novela, percorrendo todo o telejornal, que encerraria com a união da família — e, se possível, — com a punição dos criminosos.

Esses exemplos dão idéia de utilização múltipla da linguagem-clichê e os recursos que ela oferece para transformar uma informação em material sensacionalista. Em Lorenzer, vimos a origem clínica dos termos signo e clichê. Posteriormente, Prokop emprega esses dois termos no estudo de produtos de monopólio de comunicação. Marcondes Filho clarifica o caminho teórico aberto por Prokop, num texto didático e acessível, em que exemplifica a aplicação desses conceitos num meio específico, a televisão.

Clichê e signo, entretanto, podem também ser identificados em outros meios, como o jornal, por exemplo, sendo que o jornal sensacionalista trabalha somente com a linguagem-clichê, com o investimento pulsional que ela proporciona. Esse, por sinal, é o ponto nevrálgico para o enten-

41

dimento do sensacionalismo: a opção pela linguagem-clichê como possibilidade de manipulação das pulsões do leitor.

Mais adiante, esse tema, linguagem-clichê/sígnica será retomado, até mesmo, pode-se dizer, exaustivamente. Da mesma forma, alguns conceitos que foram vistos de passagem neste capítulo — como a questão do id projetado, ou do superego socializado (na análise dos filmes "O Exterminador do Futuro" e "Robocop") — serão igualmente retomados nos capítulos seguintes.

Por enquanto, o que se tentou fazer foi restringir e delimitar a utilização do termo sensacionalismo; depois, mostrou-se que a história do sensacionalismo se confunde com a história da imprensa; e neste capítulo viu-se que há dois tipos de linguagem mais empregados pelos mídia — signo e clichê — e que o veículo sensacionalista só pode optar pela linguagem-clichê, em razão de todas as peculiaridades que ela apresenta.

Parte II
Violência e Repressão no Campo do Inconsciente

1
EGO, ID, SUPEREGO

1. AS INSTÂNCIAS FREUDIANAS

Os termos ego, id, superego, foram introduzidos por Freud, em um ensaio publicado em 1923, para designar as três instâncias da personalidade. Nesta obra, Freud dava uma nova visão do aparelho psíquico, indo além dos sistemas inconsciente, pré-consciente e consciente, que tinha desenvolvido até então.

Freud caracterizava o ego como a instância capaz de perceber os instintos e dominá-los, ou ainda de ceder aos instintos até sua coerção. O ego seria em grande parte inconsciente, tendo múltiplas funções, algumas conscientes: "controle da motilidade e da percepção, prova da realidade, antecipação, ordenação temporal dos processos mentais, pensamento racional, etc., mas igualmente desconhecimento, racionalização, defesa compulsiva contra as reivindicações pulsionais" [1]. O ego está submetido a uma "tríplice servidão", sofrendo ameaças de "três espécies de perigos": "o que provém do mundo exterior, o da libido do id, e o da severidade do superego".

Para ilustrar sua teoria, Freud dá o exemplo de um cavaleiro, tentando dominar sua montaria. O ego seria o cavaleiro que conduz e refreia a força de uma cavalgadura, "superior a sua", "mas assim como o cavaleiro que se vê obrigado algumas vezes a deixar-se conduzir por sua cavalgadura, também o ego se mostra forçado, em algumas ocasiões, a transformar em ação a vontade do id como se fosse a sua própria".

O id se constitui a fonte das pulsões do indivíduo. Seu conteúdo é sempre inconsciente.

---

1. LAPLANCHE, Jean. *Vocabulário de Psicanálise.* São Paulo, Martins Fontes, 1991.

"Facilmente se vê que o ego é uma parte do id, modificada pela influência do mundo exterior (...) O ego se esforça em transmitir, por sua vez, ao id esta influência exterior e deseja substituir o princípio de prazer, que reina sem restrições no id, pelo princípio de realidade. A percepção está para o ego, assim como o instinto para o id. O ego representa o que poderíamos chamar de razão, ou reflexão, opostamente ao id, que contém as paixões [2].

Freud acentua:

"O id é totalmente amoral, o ego se esforça em ser moral, e o superego pode ser hipermoral" [3].

O conceito de superego foi empregado por Freud para designar a introjeção das normas morais, adquirida pelo ego nos primeiros anos de infância. São normas que visam inibir os impulsos instintivos. O superego é também o resultado da dissolução do complexo de Édipo. O herdeiro mesmo dessa dissolução.

Entretanto, é no ensaio "O Mal Estar na Civilização" (1929-1930) que Freud dá uma aplicação sociológica-antropológica a este conceito ao demonstrar que a violência contra a cultura é bloqueada, quando se desloca essa violência para o próprio indivíduo:

"A quais recursos apela a cultura para barrar a violência que lhe é antagônica, para torná-la inofensiva e talvez para eliminá-la? Já conhecemos alguns destes métodos, mas seguramente ainda ignoramos aquilo que parece ser o mais importante. Podemos estudá-lo na história evolutiva do indivíduo? O que sucedeu para que seus desejos agressivos se tornassem inócuos? Algo sumamente curioso, que nunca havíamos suspeitado e que, por outro lado, é muito natural.

A agressão é introjetada, internalizada, devolvida em realidade ao lugar de onde procede; e dirigida contra o próprio ego, incorporando-se a uma parte deste, que na qualidade de superego se opõe à parte restante e assumindo a função de consciência moral, desloca frente ao ego a mesma dura agressividade que o ego, de bom grado teria lançado em indivíduos estranhos. A tensão criada entre o severo superego e o ego subordinado ao mesmo a qualificamos de sentimento de culpabilidade: se manifesta sob a forma de necessidade de castigo" [4].

---

2. FREUD, S. *O Ego e o Id. In:* Obras Completas. Madrid, Biblioteca Nueva, 1981.
3. Idem, ibidem.
4. FREUD, S. *Mal Estar na Civilização. In:* Obras Completas. Madrid, Biblioteca Nueva, 1981.

Interiorização das exigências e interdições parentais, juiz ou censor instalado na estrutura do aparelho psíquico do indivíduo, o superego tem as funções de consciência moral, auto-observação e estabelecimento de ideais. Freud afirma que a relação do ego com o superego é de submissão, a mesma que uma criança teria para com seus pais;

> "Da mesma forma que a criança se acha submetida a seus pais e obrigada a obedecê-los, o ego se submete ao imperativo categórico do seu superego" [5].

Assim, do ponto de vista tópico, o ego se encontra numa situação de conflito permanente, numa encruzilhada, precisando atender às reivindicações do id e ao mesmo tempo prestando contas aos imperativos do superego e das exigências do real.

2. SUPEREGO ACESSÓRIO, ID PERSONIFICADO

O superego pode ser deslocado para outras figuras autoritárias, ou necessariamente deve estar "congelado", imerso na figura do pai (ou de quem ocupa esse lugar)? Para Freud, a resposta é positiva:

> "No curso da evolução infantil, que separa paulatinamente o sujeito de seus pais, vai se apagando a importância pessoal dos mesmos para o superego. Às imagens deles restantes se agregam logo as influências dos professores do sujeito e das autoridades por ele admiradas, dos heróis eleitos por ele, como modelos, pessoas que não necessitam já ser introjetadas pelo ego, já mais resistente" [6].

Otto Fenichel segue a mesma trajetória e acentua o processo de "deslocamento" do superego:

> "As funções do superego podem ser reprojetadas com facilidade, isto é, deslocadas para figuras autoritárias de aparecimento recente" [7].

Esta tese vai dar uma maleabilidade maior ao conceito freudiano, redimensionando sua representação, como será visto mais adiante. Fenichel vai se referir primeiramente aos estádios iniciais do superego, onde "as proibições estabelecidas pelos pais continuam a vigorar mesmo com eles ausentes". Processa-se a instituição na mente de "um guarda permanente"

---

5. FREUD, S. *O Ego e o Id*. Op. Cit.
6. FREUD, S. *O Problema Econômico do Masoquismo*. In: Obras Completas, Madrid, Biblioteca Nueva, 1981.
7. FENICHEL, Otto. *Teoria Psicanalítica das Neuroses*.São Paulo, Atheneu, 1981.

que vai assinalar "a aproximação possível de situações ou comportamentos capazes de resultar na perda da afeição materna, ou a proximidade de uma ocasião que ganhe a recompensa desta afeição". Ferenczi denominou esta fase como "moral de esfincteres", "uma expressão, diz Fenichel, que acentua a importância que tem a aprendizagem de hábitos higiênicos no desenvolvimento desta 'pré-consciência'. Solicitada a evacuar os intestinos somente em certas condições, a criança experimenta o conflito entre 'deve e gostaria'. O que determina o desfecho são a intensidade dos impulsos reprimidos e os sentimentos para com o adulto que solicita a repressão" [8].

Fenichel acentua que "os policiais e os papões representam estes pré-superegos externalizados. A criança oscila entre ceder aos seus impulsos e reprimi-los: as proibições ainda não têm caráter organizado unificado".

Depois de estabelecido o superego, o ego vai se comportar para com esta instância "conforme já se portou com um pai ou com uma mãe ameaçadora, cuja afeição e cujo perdão são necessários" [9].

Herdeiro dos pais, "tanto como fonte de ameaças e castigos quanto como fonte de proteção e doador de amor reconfortante", estar de "bem" com o superego vem a ser tão importante para o indivíduo quanto já foi com os pais. "Neste particular, mudar dos pais para o superego é pré-requisito de independência do indivíduo" [10].

Fenichel refere-se ainda ao superego como "herdeiro do complexo de Édipo". "O menino renuncia aos seus desejos sensuais e hostis edipianos por causa do medo da castração" (...) O complexo, como diz Freud, "é despedaçado pelo choque da castração ameaçadora", salientando que "outras pessoas que servem de modelos, ou certas idéias podem vir a ser introjetadas no superego e modificar-lhe o conteúdo" [11]. Fenichel não se limita ao enquadramento proposto por Freud, mas vai além, expandindo-o como se colocasse sobre ele uma lente de aumento.

Fenichel assegura que "é freqüente ver complicações que resultam do ajustamento ao superego de uma introjeção deste tipo, recém-adquirida". Aponta o fato de que "há muitas pessoas cujo comportamento e auto-estima permanecem influenciados tanto pelo que elas próprias consideram correto quanto pela consideração do que os outros são capazes de pensar. Nem sempre se distingue bem entre o superego e os objetos que fazem exigências". Neste sentido, ocorre a reprojeção das funções do superego, ou seu respectivo deslocamento para figuras autoritárias, dado este importante para a proposta deste trabalho:

"A reprojeção do superego para pessoas externas ocorre com freqüência e de formas diversas", afirma Fenichel, dando como exemplo o processo de formação de grupos:

---

8. FENICHEL, Otto. *Teoria Psicanalítica das Neuroses*. Op.cit.
9. Idem, ibidem.
10. Idem, ibidem.
11. Idem, ibidem.

"Se acontece que várias pessoas tornam o mesmo objeto como representante do respectivo superego, daí se seguirá que elas se identificam entre si, é o mecanismo típico de formação de grupos. A crença na autoridade em geral deve-se sempre a uma projeção das qualidades do superego" [12].

O superego reprojetado assume também a forma de imagem, com a qual o ego mantém um relacionamento fechado, imerso em uma linguagem própria. Segundo Fenichel, a imagem (uma fotografia, por exemplo) tem poder repressivo sobre o sujeito. Infelizmente, Fenichel não se deteve mais nesse aspecto do tema. Ele se limita apenas a uma citação ao explicar por que existe o hábito de se pendurar o retrato da pessoa que representa o superego, dizendo que "o espectador, identificando-se com seu ideal pelo fato de que o incorpora com os olhos, torna-se incapaz de fazer o que for de mau" [13].

Da mesma forma que as funções do superego podem ser reprojetadas, Fenichel vai dizer que as sociedades também permitem que, alguns dias por ano, haja uma descarga de instintos, como se houvesse uma válvula reguladora que aliviasse a pressão interna, permitindo que pulsões reprimidas se expressassem. Haveria, nessa situação, uma suspensão momentânea da ação do superego:

"Todas as sociedades têm a instituição dos 'festejos', ou seja, ocasiões em que periodicamente se anulam as proibições do superego: instituições que se baseiam certamente em uma necessidade social. Toda sociedade que cria insatisfação crônica em seus membros precisa de instituições pelas quais as tendências represadas à rebeldia sejam 'canalizadas': assim é que por estes festejos se dá uma forma de descarga dos desejos hostis contrários às instituições existentes" [14].

Fenichel assinala que essa abolição temporária (controlada e institucionalizada) de superego vai permitir aos indivíduos um "bom estado de ânimo", assegurando "a obediência por mais um ano".

Na vida cotidiana, a recusa de satisfações, ou de exigências pulsionais, vai criar uma abstinência que leva o indivíduo a buscar alternativas para aliviar suas frustrações:

"Se outra pessoa faz alguma coisa (ou se supõe haja feito) que o indivíduo desejava, inconscientemente fazer, mas não fez inibido por sentimentos de culpa, isso é capaz de provocar a admiração e o alívio, significando: "Já que os outros fazem, não pode ser assim tão

---

12. FENICHEL, Otto. *Teoria Psicanalítica das Neuroses*. Op. cit.
13. Idem, ibidem.
14. Idem, ibidem.

mau, afinal de contas". Para as personalidades carregadas de culpa, os outros não são, enfim, mais do que tentadores ou punidores, *personificações do id ou do superego** " [15].

Fenichel vai falar, em seguida, sobre a relação do público com o artista, que não se resume na admiração por certa maneira particular de interpretar determinado texto, ou cantar de um modo especial uma composição. O público, segundo Fenichel, admira o artista "porque este ousa exprimir aquilo que ele, o público, reprime, por esta forma aliviando-o dos seus sentimentos de culpa" [16].

Ao falar sobre "superego reprojetado", Fenichel abre uma nova via de acesso no conceito freudiano, que passarei a chamar de "superego acessório", por causa de sua característica "maleável". A idéia de Fenichel admite a alteração do conteúdo do superego por "figuras autoritárias de aparecimento recente", conforme explicitação do autor.

Mais além de "superego acessório", pode-se divisar também aquilo que Fenichel chama de "personificação do id", dando em seguida o exemplo da admiração que o público sente pelo artista.

Ao se transferir essas conceituações para a cultura de massa se constata uma contaminação do social pelo imaginário. Passa-se a entender melhor o papel dos olimpianos, da estética publicitária, da "dialética projeção-identificação" (de que fala Morin), do "happy-end" e, igualmente, do sensacionalismo na mídia.

Morin, ao discorrer sobre o imaginário, o define como aquilo que "dá aparência não somente aos nossos desejos, nossas aspirações, nossas necessidades, mas também às nossas angústias e temores. Ele libera, não somente nossos sonhos de perfeição e felicidade, mas também nossos monstros interiores, que violam os tabus e a lei, portam a destruição, a loucura ou o horror. (...) Ele pode ser tímido ou audacioso, seja decolando a custo do real, ousando a custo reprimir as primeiras censuras; seja se envolvendo na embriaguez dos instintos e do sonho" [17].

Na definição de Marcuse, o imaginário "faz a ligação das camadas mais profundas do inconsciente aos produtos superiores da consciência (à arte), o sonho à realidade, guarda os arquétipos da espécie, as idéias eternas mas recalcadas da memória individual e coletiva, as imagens tabu de liberdade" [18].

Em sua relação com o imaginário, a cultura de massa busca assegurar-se o status de utopia concretizada do psíquico, seja quando volta sua esfera para o princípio do prazer ("que reina sem restrições no id", segundo

---

* O grifo é meu.
15. FENICHEL, Otto. *Teoria Psicanalítica das Neuroses*. Op. cit.
16. Idem, Ibidem.
17. MORIN, Edgard. *L'Esprit du Temps*. Op.cit.
18. MARCUSE, Herbert. *Eros et Civilisation*. Paris, Minuit, 1963.

Freud), seja quando concede papel de destaque à instância moral e punitiva (o superego), de forma que o controle da ansiedade, dos sentimentos de culpa, da repressão das pulsões, deixa de ser uma tarefa exaustiva do ego.

"Freud ensinou que a repressão das pulsões jamais tem êxito total nem definitivo e que por isso a energia psíquica inconsciente do indivíduo é incansavelmente desperdiçada para manter no inconsciente do indivíduo aquilo que não deve assomar ao consciente. Esse trabalho de Sísifo de economia individual parece estar hoje socializado, tomado a seu cargo pelas instituições da indústria cultural para benefício das instituições da indústria cultural e dos poderosos interesses que lhe estão por detrás"[19].

Por um processo de "projeção-identificação", ocorre uma neutralização desse controle pelo meio. "O leitor ou o espectador, ao mesmo tempo que libera as suas potencialidades psíquicas e as fixa sobre os heróis em determinada situação, identifica-se com personagens que, não obstante, lhe são estranhos, e sente viver experiências que ele jamais experimenta"[20]. Segundo Bataille, "vivemos por procuração o que nós mesmos não temos coragem de viver".

O ego passa, então, essa tarefa de controle das pulsões para o meio, que vai transgredir, recompor a ordem, se entregar ao prazer, espetacularizar o cotidiano e as relações pessoais, exercendo o trabalho mesmo de "meio", como "extensão do homem", conforme o termo cunhado por McLuhan.

3. TRANSGRESSÃO, PUNIÇÃO

No capítulo anterior, foi visto que a psicanálise oferece caminhos para a compreensão de determinados fenômenos da cultura de massa, como por exemplo, a admiração que um grupo de pessoas demonstra por um artista, um olimpiano. Essa admiração ocorreria graças a um mecanismo de "projeção-identificação", na expressão de Morin que a utiliza para comprovar a forma pela qual a cultura atua sobre o imaginário do espectador, que se projeta e se identifica com um alterego.

"Eles (os olimpianos) realizam as fantasias que os mortais não podem concretizar, mas convidam os mortais a se realizar pelo imaginário"[21].

Morin não faz, no entanto, uma referência precisa à psicanálise, quando levanta esta hipótese. Essa projeção-identificação tem raízes

---

19. ADORNO, Theodor. *A Indústria Cultural.* São Paulo, Nacional, 1977.
20. MORIN, Edgard. *L'Esprit du Temps.* Paris, Bernard Grasset,1962.
21. Idem, ibidem.

obviamente inconscientes e está ligada aos conceitos desenvolvidos por Freud em seu ensaio "O Ego e o Id", assim como remete a ampliação desses mesmos conceitos, elaborada por Fenichel, quando este fala em "superego reprojetado" ou " personificação do id".

Na parte I (capítulo 4) deste trabalho, quando se discute "Linguagem" dos meios de comunicação, é feita uma exemplificação de como um produto, destinado ao consumo de massa, pode se estruturar sobre os conceitos, citados no parágrafo anterior. Naquele capítulo, em questão, desenvolve-se a idéia de que dois filmes de muito sucesso comercial ("Robocop" e "O Exterminador do Futuro") têm uma linguagem elaborada sobre "fantasias-clichê" e seus personagens principais são um "superego reprojetado" ("Robocop") e um "id personificado" ("O Exterminador do Futuro)".

Quando se pesquisa um jornal sensacionalista, verifica-se que ocorre a mesma coisa, conforme é demonstrado na parte III desta investigação. Ou seja, o meio "socializa" o superego e "personifica o id".

Não interessa aqui verificar se essa tarefa é bem ou mal-sucedida, no sentido de que o leitor tenha aceito ou reconhecido essas instâncias, nem se pensa em ir à fonte para verificar se o produtor tem idéia do que está executando, mesmo porque nas entrevistas feitas com leitores e nos diversos contatos mantidos com a redação do jornal pesquisado ficou evidente que não existe um questionamento, uma tentativa de aprofundamento de nenhuma das partes (leitores e jornalistas), sobre esse processo específico em curso. O leitor vai dizer que se sente atraído por esta ou aquela particularidade do produto jornal, e o jornalista fará referência a diversas justificativas para explicar como um veículo sensacionalista é produzido. Mas nem o jornalista percebe que faz o papel de "personificador do id" ou de "superego reprojetado", nem o leitor se reconhece nessa projeção-identificação e talvez se esse processo analítico ocorresse, a ligação poderia não se concretizar.

O que importa é chamar a atenção para esse procedimento e lançar a concepção de uma "socialização" do superego e do id, que o meio de comunicação tenta perfazer de forma *inconsciente*.

O termo *inconsciente* é utilizado aqui no sentido de que as pessoas que participam da elaboração de um jornal sensacionalista, embora saibam que estão fazendo um produto específico, diferente do informativo comum, com apelos e linguagem característica, não percebem as implicações psíquicas ali envolvidas.

O superego reprojetado no meio de comunicação tem a mesma atribuição punitiva e policial, no sentido de buscar submeter o ego a seus imperativos morais, só que ocorre uma ampliação do processo, não mais uma relação particular ego-superego, mas ego-superego-socializado-superego. Da mesma forma, o meio de comunicação sensacionalista, como o ego descrito por Freud, "perde o controle de sua montaria" e é levado — em alguns momentos — para a exaltação da transgressão.

O jornal sensacionalista encontra no *fait divers* os ingredientes indispensáveis para a consecução dessa sistemática. O "superego acessório" será o juiz que condena implacavelmente os egos transgressores, através de manchetes e textos, onde predominam a "lição de moral" e a agressividade de quem deseja "castigar". O *fait divers* proporciona também ao meio sensacional explorar a possibilidade inversa: a "drenagem" de fantasias sádicas criminais e transgressoras.

Estabelecidas essas hipóteses, cabe agora colocar uma questão: o superego acessório e o id personificado ocorrem somente na imprensa sensacionalista, ou também na chamada "imprensa séria"?

Tomando por base a coleta de dados, reunidos neste trabalho, pode-se afirmar que a imprensa sensacionalista oscila, primordialmente, neste pêndulo: transgressão/punição e faz dele a sua principal atração, além da linguagem característica clichê.

Mas o veículo informativo comum pode também, às vezes, se colocar na posição de superego acessório, pode ainda remeter o leitor ao outro lado da moeda. É preciso ressalvar, no entanto, que a linguagem editorial do jornal não-sensacionalista procura manter uma relação objetiva com o leitor, que leva à somatória informação-reflexão-opinião e se distancia dos aspectos emocionais da notícia. Por esse motivo, embora haja momentos em que essa circunstância ocorra, não é prática comum no veículo "sério".

2
SANGUE

1. MORTE

A leitura de um capítulo como este predispõe o leitor a prever que ele irá se deparar com parágrafos que só lhe trarão mal-estar e inconveniência. Da mesma forma, falar sobre a morte não é tarefa fácil e exige preparo e disposição emocionais.

No entanto, os jornais trazem a morte todo dia em suas páginas, não somente na seção enquadrada e editada como tal — Necrologia — mas também espalhada nas diversas editorias. Mais radical ainda, o jornal sensacionalista transforma a morte em seu assunto de capa, como se rendesse um culto diário e fetichizado à morte.

Como explicar essa dicotomia? Poucos gostam de falar sobre a morte, mas ela é presença obrigatória nos veículos informativos e, além disso, estímulo de venda para o jornal sensacionalista, que faz com que o leitor saia de sua casa, atravesse a rua e vá até o jornaleiro comprar um jornal que traz em suas páginas cadáveres perfurados com bala, decepados, atropelados, perfurados, ensangüentados.

O que move essa pessoa até a banca e faz com que ela prefira o jornal sensacionalista a um outro veículo mais "sóbrio"? O que o jornal do gênero "espreme que sai sangue" oferece que os outros sonegam? Como entender esse procedimento, essa opção?

Pode-se seguir um raciocínio que leva à exclusão: Os leitores de jornais sensacionalistas têm uma formação cultural precária, portanto, estão mais próximos dos instintos e suas manifestações; ao contrário, as pessoas cultas, de formação intelectual superior, teriam os instintos mais "sob controle", logo, sua opção só poderia mesmo recair sobre veículos mais moderados, mais racionais.

Esse ponto de vista é atraente por sua simplicidade, mas não se sustem, porque a morte "como espetáculo" (Baudrillard), interessa a todos, igualitariamente, independente do nível cultural ou econômico de cada pessoa.

Deve-se dizer que tanto o leitor do jornal "sóbrio", quanto aquele que prefere o sensacionalismo, se interessa pelo crime, pelo rapto, pelo acidente, pela catástrofe. O que vai fazer com que o mercado se divida e haja um público exclusivo para o veículo sensacionalista é a linguagem, a linguagem editorial que é a forma de se destacar uma foto, tornar o texto mais atraente, enfim, a busca de um equilíbrio entre ilustração e texto, além da preferência por matérias originadas de *fait divers,* em detrimento de temas político-econômico-internacionais que servem como estímulo predominante ao jornal informativo comum.

Ainda assim essa manifesta atração pela morte não deixa de ser embaraçosa e a forma sempre recalcitrante dos jornais "sóbrios", tratarem o tema (publicação ou não de determinada foto de um cadáver, ou acidente, ou paciente terminal), mostra como é difícil a relação do triângulo morte-jornal-leitor. Isto porque ainda que o leitor do jornal "sóbrio" queira conhecer todos os detalhes de um crime chocante (por exemplo, o adolescente de classe média que tenha matado na mesma noite o pai, a mãe e os três irmãos menores), esse mesmo leitor, certamente, vai protestar ao se defrontar na mesa do café da manhã com uma foto mais "reveladora", mais "real". Portanto, existe aí somente um problema de linguagem editorial. O *interesse do leitor* neste caso (seja do jornal sensacionalista, seja do jornal que estamos chamando de "sóbrio") é o *mesmo.* Muda apenas a *linguagem.*

O que se buscou fazer neste intróito foi demonstrar que, ao contrário do que se prejulga, o leitor do jornal sensacionalista não é uma espécie de vampiro que sai correndo toda a manhã para comprar seu jornal, como se estivesse buscando seu alimento vital.

A diferença de um público para o outro se admite como divisão de mercado. Mas ambos fazem parte da mesma camada de verniz cultural que é rompida todas as manhãs na leitura do jornal diário, quando se é informado dos crimes em série de um canibal, estupros, incestos, crimes passionais...

Feitas as ressalvas indispensáveis, fica-se diante da questão principal, tema deste capítulo: a morte como objeto de fascínio.

A sexualidade e a morte, no entender de Bataille, seriam "momentos intensos de uma festa", uma festa que a natureza celebra "com a multidão inesgotável dos seres". Faces da mesma moeda, sexualidade e morte teriam o sentido do "desperdício ilimitado que a natureza executa contra o desejo de durar que é o próprio de cada ser" [1].

---

1. BATAILLE, Georges. *O Erotismo.* Porto Alegre, L&PM, 1987.

Freud segue no sentido oposto. Onde Bataille verá festa, Freud vai apontar "instinto de destruição" (ou "instinto de morte"). No texto "Mais Além do Princípio de Prazer" (1919-1920) Freud desenvolve a idéia de que a natureza convive com instintos opostos: instintos de vida seriam aqueles que trazem tensões, "cuja descarga é sentida como prazer", enquanto que os instintos de morte "parecem efetuar silenciosamente seu labor".

Ao mostrar que, "sem exceção alguma", todo ser vai morrer por *"causas internas"*, retornando a um estado inorgânico, Freud vai afirmar que *"a meta de toda a vida é a morte"*.

Baudrillard vai se referir à "festa" de Bataille, como uma "conjunção luxuosa de sexo e de morte sob o signo da *continualidade,* em oposição com a economia descontínua das existências individuais" [2].

Baudrillard critica a hipótese de Freud, apontando uma antítese entre o instinto de morte e o inconsciente:

> "Princípio da contra-finalidade, hipótese especulativa radical, meta-econômica, metapsíquica, metaenergética, metapsicanalítica, (o instinto de morte) está além do inconsciente — deve mesmo ser arrancado da psicanálise para retornar contra ela" [3].

Baudrillard entende a morte como um fantasma obsedante que conduz o homem a várias direções:

> "Abolir a morte é a nossa fantasia que se ramifica por todos os rumos: o além da vida e a eternidade para as religiões, a verdade para a ciência, a produtividade e a acumulação para a economia" [4].

O autor de "L'Échange Symbolique et la Mort" se refere também ao "espetáculo da morte", onde a execução pública teria uma função "moral", portanto, "vergonhosa e clandestina", onde a morte do outro é "saboreada" como forma de espetáculo. "Qualquer coisa desta festividade contagiosa se encontra naquele episódio de 1807 na Inglaterra, onde 40 mil pessoas foram assistir a uma execução, tomados por um tal delírio, que cem mortos ficaram sobre o terreno" [5].

Baudrillard assinala que o crime e a morte provocam sempre a mesma "jubilação secreta, mas aviltada e obscena", notando que "toda a nossa cultura é higiênica: visa expurgar a vida da morte". Assim, se antes a moral ordenava "não matarás!", hoje, a ordem é: "não morrerás" [6].

Quando se dá aplicabilidade a esses conceitos para se entender a morte na cultura de massa, particularmente, no jornal sensacionalista,

---

2. BAUDRILLARD, Jean. *L'Échange Symbolique et la mort*. Paris, Gallimard, 1976.
3. Idem, ibidem.
4. Idem, ibidem.
5. Idem, ibidem.
6. Idem, ibidem.

retorna-se à imagem do cadáver na primeira página. A foto ocupa, às vezes, dois terços de uma página. Há sangue. Os olhos vidrados, o cadáver está ali na capa de jornal...

Pensamos imediatamente em Bataille e na sua afirmação de que o cadáver impressiona por lembrar aos vivos "a imagem de seu destino". O leitor, então, recebe um choque, imaginando que amanhã poderá ser a vez dele. Mas ao mesmo tempo que se produz este impacto (a morte ilustrada, ampliada, por um recurso de linguagem editorial sensacionalista), vem também o alívio. O jornal atende a uma necessidade inconsciente, onde o cadáver "ilustrado" morre "por procuração" no lugar do leitor.

Na relação a três: morte-jornal-leitor, ocorre uma "jubilação secreta", "obscena", onde a morte do outro é "saboreada como espetáculo" (Baudrillard). Há um outro aspecto que não deve ser ignorado. A morte no jornal sensacionalista não pode ser sígnica. Isto é, obedecendo à linguagem do jornal a sensação, há insistência no envolvimento, na fusão que se processa pelo clichê. Desta forma, a morte a sensação difere da morte dos filmes e seriados de TV, onde aparece identificada signicamente. A morte sensacionalista é narrada em linguagem-clichê e admite nuclearização, por se referir a vários "tipos" de morte. Às vezes, o cadáver fará rir, às vezes, atrairá descargas projetivas sádicas, recalcadas, punitivas, vingativas; às vezes, tem um registro corriqueiro; às vezes, compõe uma história imaginosa.

No capítulo "Análise" é mostrado como a morte é nuclearizada e admite subdivisões, de acordo com o *fait divers* narrado. A morte a sensação aparece não só como "festividade clandestina" (Baudrillard), no sentido de que "foi o outro que morreu e não eu" (como disse um entrevistado, "fico chocado — ao ler que alguém foi morto brutalmente — mas antes acontecer com outro do que comigo"); mas como possibilidade transgressora e como proposta de advertência. Transgressora, porque o jornal "mata" alguém que o leitor gostaria de ter ele mesmo matado (a mulher infiel, o "bandido"); advertência, na acepção de que a morte de alguém representa uma intromissão do superego acessório, socializado pelo meio, que estabelece — indiretamente — regras de comportamento. Ou melhor, relembra continuamente que a regra, "a lei", existe e exige obediência. Caso contrário, o ego será implacavelmente punido, como vai provar este e aquele *fait divers,* que o superego acessório, assumido pelo meio, demonstra ao punir o personagem transgressor e, por procuração, servirá como aviso, como advertência ao ego do leitor.

Sempre "por procuração", porque é essa garantia que sela o contrato entre o indivíduo e o meio.

2. VIOLÊNCIA

O jornal sensacionalista difere dos outros informativos por uma série de motivos específicos, entre os quais a valorização editorial da violência.

56

O assassinato, o suicídio, o estupro, a vingança, a briga, as situações conflitantes, as diversas formas de agressão sexual, tortura e intimidação ganham destaque e merecem ser noticiadas no jornal a sensação.

Uma das críticas mais comuns, que se faz contra os jornais sensacionalistas, deduz que esse gênero de imprensa apanha um acontecimento parcial e cotidiano, amplia-o, e assim estaria colaborando para a reprodução da violência.

No entanto, não parece ser isso que ocorre na reverberação sensacionalista. Não há dúvida de que a divulgação de uma ação criminosa pode levar a um movimento mimético — relação muito comum que se faz quando se acusa os mídia de "ensinar" práticas criminosas e noticiá-las. O que se esquece é que o crime seria cometido de qualquer maneira. A questão não está no "modus operandi", mas no desejo ou na necessidade de praticar determinado crime. Processo igual se desenvolve na ampliação sensacionalista do ato violento. É certo que o jornal torna sensacional o *fait divers,* que vai merecer um registro de duas ou três linhas no informativo comum. É certo que essa prática traduz o sentido do termo "sensacionalista" ao colocar uma "lente de aumento" sobre o fato não necessariamente sensacional. Mas ao fazer esse movimento, ao valorizar a notícia que traduz um fato violento, o jornal sensacionalista está apenas atendendo a um desejo específico de seu público.

Qualquer dedução que dê a entender que o jornal sensacionalista é violento, enquanto os demais informativos são não-violentos, é incorreta. Nos jornais não-sensacionalistas, há sempre uma carga intensa de violência que não se revela, que não se escancara com a mesma intensidade encontrada nos jornais a sensação. Essa violência pode ser detectada na crítica ferina, no editorial agressivo, no artigo emocional, na foto marcante, na reportagem denunciadora. Mas é uma violência "disfarçada", "ilegível" na forma editorial, enquanto que no jornal sensacionalista a violência faz parte da linguagem e da forma de edição.

Cada público, portanto, de acordo com a sua medida de sofisticação, aceita (ou exige) formas diversas que sejam uma projeção de sua violência. Essa descarga de pulsões agressivas é uma hipótese que vai no sentido contrário àquela que reputava aos mídia o papel de impulsionadores da violência. O que está se sugerindo aqui é que, ao invés de ser estímulo à ação hostil, o meio parece atuar na via oposta. Isto é, como meio mesmo, na atuação pelo indivíduo. A satisfação oferecida não teria outra finalidade senão a de favorecer o alívio de pulsões agressivas de natureza inconsciente. É obrigatório observar que essa "descarga" sempre tem sido "canalizada" culturalmente. Não é novidade para ninguém a importância que o esporte exerce na "explosão controlada", de instintos hostis. Já os equipamentos, os meios, postos a serviço da cultura, vêm-se sofisticando, comprovando empiricamente esta concepção. *A destruição do outro como espetáculo* (na expressão de Baudrillard) se extravasa em jogos audiovisuais, onde o operador deve "eliminar" seus oponentes, utilizando-se para isso de equipamentos "bélicos" como "canhões", "foguetes", capacetes que permitem a visão tridimensional. O operador "caça" sua "presa" no próprio quarto de dormir. Higiênica e confortavelmente, onde o simulacro da brincadeira esconde o fantasma da agressividade.

Assim, o problema reside em entender essa necessidade de violência, mesmo que projetiva, mesmo que por procuração, que o meio de comunicação atende e serve "camuflada" ou exposta a seus consumidores. A violência, através dos séculos, é sempre a mesma. Se na "guerra do Neolítico"[7], centenas de pessoas foram mortas, precariamente, com flechas de pedra, hoje, a destruição em massa é processada com muito mais refinamento, com apoio tecnológico de ponta. Não há, portanto, diferença entre esses dois comportamentos, distanciados por um intervado de 10 mil anos. A "Guerra do Neolítico" foi tão violenta como as batalhas contemporâneas, salvo que, culturalmente, o homem aperfeiçoou sua capacidade de aniquilação, criando campos de extermínio e artefatos nucleares, levando a guerra até o espaço.

Diversas disciplinas (sociologia, antropologia, psicologia, psicologia social, psicanálise e mesmo a filosofia), quando se propõem a discutir a violência, chegam a uma encruzilhada comum: a dificuldade de entender o lugar da cultura e dos instintos. Michaud considera que "a cultura veio completar os instintos, mas contribuiu para lhes tornar inúteis e finalmente perigosos" e ele questiona: a cultura completa e desequilibra a natureza, ou o homem é, por natureza, um animal cultural, um animal no qual os instintos são substituídos por artifícios?[8].

A esse respeito, Michaud observa que há duas violências: uma natural, própria dos animais, e outra, "humana":

> "Em oposição aos animais que em sua imediaticidade e na ausência de interditos, não são nem pacíficos, nem cruéis, mas somente naturais, onde os acessos de furor não são jamais excessivos, a humanidade em matéria de violência, complica, inventa, acrescenta e refina: transgride com uma inventividade furiosa[9].

Ele continua, dizendo que a agressividade é "própria ao homem como aos outros animais":

> "Este instinto pode ter se adaptado nos primeiros homens, mas uma vez que estes começaram a dominar o meio, a dominar as técnicas e a formar os grandes grupos, o instinto se tornou prejudicial. As armas e a inventividade técnica humana multiplicaram a destruição, os mecanismos de ritualização são freqüentemente fa-

---

7. COURTIN, Jean. *La Guerre au Néolithique*. In: "La Recherche". Paris, 1984.
8. MICHAUD, Ives. *La Violence*. Paris, Presses Universitaires de France, 1986.
9. Idem, ibidem.

lhos, ou inadaptados a situações complexas e artificiais, o tamanho das comunidades aumenta a distância entre os indivíduos e as possibilidades de erro de comunicação. Se o homem tivesse restado um animal temeroso e mal aparelhado, ele teria necessidade de toda sua agressividade; a partir do momento em que ele se torna um animal desnaturado e conquistador, sua agressividade intra-específica transborda sobre todos os caminhos destrutivos que nós conhecemos"[10].

Na bifurcação natureza/cultura, Michaud lembra a existência de duas violências: "animal" e "humana", sendo que esta última "complica, inventa, acrescenta e refina", transgredindo com uma "inventividade furiosa". O homem viveria, então, sob o signo de uma violência de mão dupla. A primeira seria a "natural", existente em todos os animais; a segunda, "cultural", se utilizaria dessa pulsão primitiva para se sofisticar e criar uma segunda natureza da violência.

Em Lorenz, a violência tem uma característica "hidráulica", na expressão de Fromm, semelhante ao processo econômico do aparelho psíquico, proposto por Freud. Lorenz usa a metáfora do bode expiatório sobre o qual o animal tende a descarregar a sua agressividade. A violência seria deflagrada como uma resposta a esse acúmulo de tensão e teria o objetivo de restaurar a "normalidade" no organismo.

Freud imagina uma pulsão de agressão também autônoma, dirigida ora contra a própria pessoa, ora contra o mundo exterior.

A observação de Michaud de que a violência tem um caráter indefinível e que não há saber universal sobre ela, se revela quase como um "prêmio de consolação" para o pesquisador. Mas isso não invalida a tentativa de sempre estabelecer novas concepções.

Primeiro, será aceita a hipótese de que todo animal é dotado de uma pulsão agressiva que age em apoio a instintos sexuais e alimentares. No homem, a proposição é semelhante: existe uma agressividade subordinada a Eros (conjunto dos princípios de vida), porém, desajustada, voltada para múltiplos objetos, uma vez que o componente cultural "raspou" as marcas naturais de agressividade intra e extra-específicas.

Por ter perdido a função original, essa pulsão agressiva "intoxica" as relações intra-específicas, contagiando o social. Na incapacidade dessa pulsão "enxergar" o alvo, a agressividade, a violência, pode se evidenciar em momentos diversos.

A violência, então, se estratifica pelo todo social, no movimento excêntrico, que confunde e leva a suposições caolhas, como a acusação freqüente que se faz aos mídia de estímulo à ação violenta.

A relação do homem com a violência parece a de um menino tentando caçar uma topeira em seu jardim. Às vezes, ela aparece num ponto, o que

---

10. MICHAUD, Ives. *La Violence.* Op. cit.

leva o menino a correr, armado de um pedaço de pau, disposto a acertá-la. O animal rapidamente se encolhe e desaparece no subterrâneo, para aparecer, alguns segundos depois, em uma outra parte do terreno, levando novamente o menino a correr, e assim sucessivamente.

Em dado momento, a violência é localizada no futebol (ou outro esporte), atraindo as atenções, que vão ser desviadas um pouco mais à frente quando houver um motim no bairro proletário: ou ao lado quando se debruça sobre o *fait divers* diário e de sempre (o espancamento, o estupro, o crime...); ou ainda, quando pesquisadores eruditos se reunirem para discutir a influência da TV sobre adolescentes agressivos... A topeira escapa sempre e o menino não pára de correr.

A agressividade pode atuar a favor e contra a própria cultura. A favor, quando se aceita a tese de Freud de que o cultural se impôs retornando a violência ameaçadora para dentro, voltada contra o próprio homem. Contra, porque a violência cultural-racional criou a possibilidade do extermínio planetário. A violência, que se chamou "fundadora", aparece então como uma dispersão, uma "explosão" que deslocou uma finalidade específica para uma desconcatenação de objeto.

Uma explosão que "cegou" o homem e, ao mesmo tempo, o armou.

3. TABUS

Tabu é definido por Cazeneuve como uma "proibição que não se justifica racionalmente, mas que é regra num grupo social dado"[11]. A palavra tabu teria sido utilizada pela primeira vez no Ocidente pelo capitão James Cook que, em seu diário, publicado em 1781, menciona tabu como "coisa proibida", segundo o significado dado à palavra na Polinésia.

Cazeneuve, quando discorre sobre a violação de um tabu, fala que a indignação pública se ergue contra aquele que viola um tabu de fato; "um indivíduo que viola um tabu é ele mesmo um símbolo numinoso, ele é impuro e seu contato é perigoso". Referindo-se a grupos primitivos (utiliza-se este termo por falta de outro melhor), Cazeneuve mostra que a violação de um tabu se relaciona a uma desgraça que se avizinha, "destrói um equilíbrio e passa a ameaçar toda a sociedade", indicando que é "tabu aquele que viola o tabu, aquele que toca os símbolos. Finalmente, pouco importa a razão que levou a instituir uma proibição. A regra é suficiente a si mesma e (...) tudo que a ameaça se torna uma ameaça à estabilidade da condição humana". E Cazeneuve levanta a questão: "Se diria que é para lutar contra o ciúme e a tentação de os imitar?" [12].

---

11. CAZENEUVE, Jean. *Les Rites et la Condition Humaine*. Paris, Presses Universitaires de France, 1958.
12. Idem, ibidem.

Freud responde a esta pergunta em "Totem e Tabu", ao dizer que "os povos selvagens e semi-selvagens" têm diante de uma proibição-tabu uma "atitude ambivalente":

"Em seu inconsciente, não desejariam nada melhor que sua violação, mas ao mesmo tempo sentem temor a ela. Têm medo, precisamente, porque a desejam, e o temor é mais forte que o desejo. O desejo é, em cada caso individual, inconsciente, como é no neurótico".

O tabu seria assim, segundo Freud, "a forma mais antiga de consciência moral".

Freud revê a posição de dois autores — Westermack e Havelock Ellis — sobre o incesto. O primeiro entendia que pessoas de sexo diferente que vivem juntas, desde a infância, experimentam uma "aversão inata" em ter relações sexuais. Ellis negava o caráter instintivo contrário ao incesto, proposto por Westermack, para substituí-lo por um "embotamento de estímulos". Na visão de Ellis, meninos e meninas que tivessem vivido juntos toda a infância, não tinham "condições necessárias" para o surgimento de interesse sexual, uma vez que todos os estímulos visuais estariam desgastados pelo contato freqüente e, portanto, inibiriam assim naturalmente, a excitação erótica.

Freud argumenta que, "pelo contrário", os primeiros desejos sexuais do homem são sempre de "natureza incestuosa". Para explicar como o incesto, o homicídio e o canibalismo se tornaram tabus para a condição humana, Freud recorre a uma espécie de fábula, onde vai relatar aquele que seria o "pecado original" para a psicanálise.

Freud fala em uma "horda primitiva", dominada por um pai autoritário que, depois de expulsar da tribo todos os filhos, fica com todas as fêmeas disponíveis para si. Os irmãos expulsos se reúnem. Congregam forças. Retornam à tribo. Matam o pai e o devoram. Os irmãos tinham, no entanto, uma atitude contraditória, porque ao mesmo tempo que odiavam o pai — que se opunha às suas necessidades de poder e exigências sexuais — também "o amavam e o admiravam". O pai é realçado à categoria de deus, como uma tentativa de "expiação". Para viver juntos e evitar conflitos, os irmãos proíbem o incesto, "com o qual renunciavam todos à posse das mulheres desejadas, móvel principal do parricídio"[13].

Lévi-Strauss, ao analisar "Totem e Tabu", observa que Freud dá conta com sucesso não do início da civilização, mas de seu presente; a partir da busca da origem de uma proibição, ele consegue explicar, não certamente por que o incesto é conscientemente condenado, mas como se faz para que seja "inconscientemente desejado"[14].

---

13. FREUD, S. *Totem e Tabu*. In: Obras Completas. Madrid, Biblioteca Nueva, 1981.
14. LÉVI-STRAUSS, Claude. *Les Structures Elementaires de la Parenté*. Paris, Presses Universitaires de France, 1945.

Lévi-Strauss confere à proibição do incesto a "regra da reciprocidade". Assim, antes de ser "moralmente culpável" o incesto é "socialmente absurdo". Lévi-Strauss cita Mead ("Sex and Temperament in Three Primitive Societies"), que relata o seguinte argumento de um indígena para justificar por que o incesto é condenável:

" Se você casar com sua irmã o que você ganha? Você não terá cunhado? Você não compreende que se você casa com a irmã de um outro homem, e se um homem casa com a sua irmã, você terá ao menos dois cunhados, e que se você casar com a sua própria irmã não terá nada? E com quem você irá caçar? Com quem você irá plantar? Quem você poderá visitar?"[15].

A proibição do incesto não é, no entender de Lévi-Strauss, nem tanto uma regra que proíbe o casamento com a mãe, irmã, ou filha, como uma regra que obriga a dar a mãe, irmã, ou filha a outro: "É a regra do dom; por excelência", concluindo que: "todo casamento é, portanto, um reencontro dramático entre a natureza e a cultura, entre aliança e parentesco"[16].

A proibição do incesto revela a certeza de que a exogamia é a garantia da sobrevivência do grupo, através de uma solidificação do cultural sobre o biológico. É na troca, na abertura, no fortalecimento da solidariedade entre os diversos clãs que o incesto ganha um caráter proibitivo. O outro lado da questão é psicanalítico e demonstra que apesar de ser "conscientemente condenado", é "inconscientemente desejado", na expressão de Lévi-Strauss que, embora rejeite a hipótese de "pecado original" freudiano, aceita a tese de que a proibição do incesto também encerra um desejo transgressivo.

Depois do incesto, as notícias de outro tabu — canibalismo — também concorrem para ganhar destaque proporcional no jornal sensacionalista. A prática canibalesca tem sempre um caráter inusitado, extravagante, selvagem, incompreensível, anacrônico. Os canibais ocasionais causam um impacto muito forte nos leitores, que chegam até a guardar essas edições para discutir mais tarde com os amigos e familiares.

Jean Courtin, diretor de pesquisa do "Centre de Recherche Archéologique de Sophia-Antipolis", publicou em março de 1992 um artigo no jornal "Liberation", onde faz um breve histórico do canibalismo. Para Courtin, não há nenhum caso de canibalismo que possa ser comprovado na préhistória. Ele cita o caso da gruta de Krapina, na ex-Iugoslávia. Nesse local, foi encontrada uma grande quantidade de ossos humanos que apresentavam estrias suspeitas e conduziam à dedução de que o homem de Neandertal tinha sido, há 100 mil anos, canibal. Os ossos, no entanto, foram

---

15.LÉVI-STRAUSS, Claude. *Les Structures Elementaires de la Parenté*. Op. cit.
16. Idem, ibidem.

reexaminados em microscópio e se descobriu que as estrias tinham sido feitas por dentes de animais de mamíferos carniceiros. Courtin escreve que, na realidade, não se comprovou até hoje "nenhum caso de canibalismo pré-histórico".

Em uma pesquisa realizada na gruta provençal de Fontbrégoua, na França, surge um caso de canibalismo cultural recente. Segundo Courtin, o homem neolítico, que viveu no quinto milênio antes da nossa era, tinha práticas canibais, ligadas à magia e à religião. O autor do artigo lembra que o homem neolítico já vivia da agricultura e criação de animais, morava em vilas, fabricava utensílios de cerâmica e "parecia perfeitamente conosco".

Courtin é partidário da tese de que as práticas canibais não são "estritamente alimentares", mas ligadas ao sobrenatural, excetuando-se casos agudos de sobrevivência como o acidente de avião que transportava jogadores de rúgbi, nos Andes, em 1971. Esse canibalismo estaria fundamentado numa motivação religiosa. Ao absorver a carne de um inimigo, o canibal não somente se nutria, mas também se apropriava das qualidades de sua vítima.

Essas explicações, contudo, são insuficientes e não dão conta de casos de canibais contemporâneos que não se enquadram em nenhum dos casos anteriores. Esses canibais da pós-modernidade comem suas vítimas, dentro de um contexto, onde estão ausentes a transcendência religiosa, o componente mágico e o impulso de comer para aplacar a fome. Os novos canibais matam e comem suas vítimas, como se esse ato duplo representasse uma extensão do prazer sexual.

No texto "As Pulsões e seus Destinos", Freud faz uma observação que pode ser útil neste momento. Ao tratar do desenvolvimento dos instintos sexuais, Freud menciona a existência de "etapas preliminares" que registram o aparecimento de formas ambivalentes de carga instintiva:

"A primeira dessas etapas é de *incorporação* ou *devoramento,* modalidade de amor que resulta compatível com a supressão da existência separada do objeto" [17].

Embora Freud não tenha estabelecido um paralelismo com o canibalismo, em relação a esse estágio intermédiário de desenvolvimento instintivo, parece haver aí uma pista possível. Entendendo-se que no decorrer do processo evolutivo do indivíduo tenha ocorrido alguma disfunção e a catéxis se fixado nessa etapa preliminar, haveria aí uma disposição patológica que poderia se repetir, neurótica e posteriormente, na idade adulta. Dessa maneira, o ato sexual só se tornaria "pleno" se houvesse a "incorporação" do outro, ou seu devoramento*.

---

17. FREUD, S. *As Pulsões e seus Destinos.* In: Obras Completas. Madrid, Biblioteca Nueva, 1981.

* O canibal japonês Issei Sagawa que, em 1981, matou e devorou em Paris uma mulher,

Com relação ao homicídio, Freud estabelece a mesma hipótese que havia aplicado com relação ao incesto. Por trás da proibição de matar, haveria, na realidade, a "tentação" de matar:

"Sempre que exista uma proibição, ela deve ter sido motivada por um desejo (...) A tendência criminosa existe realmente no inconsciente e este tabu, como mandamento moral, longe de ser supérfluo, se explica e se justifica por uma atitude ambivalente com respeito ao impulso ao homicídio" [18].

O sensacionalismo está intimamente ligado ao homicídio, à morte e ao sangue derramado. O sangue representa simbolicamente esse gênero de imprensa.Os franceses, quando querem se referir a um jornal sensacionalista, utilizam a expressão "sang à la une" (sangue na primeira página); no Brasil, em São Paulo, fala-se em jornal "espreme que sai sangue". Ou seja, por ter excesso de fotos de cadáveres, notícias de mortes e assassinatos, o jornal ficaria "embebido" pelo seu conteúdo. Críticos de jornais sensacionalistas costumam utilizar uma mímica própria. Fazem um gesto de "torcer" um jornal imaginário. Eles afastam as pernas e "torcem" o "jornal", enquanto voltam o rosto para o outro lado. Balançam a mão para reforçar o significado de "impureza" do "sangue derramado", como se a mão, só pelo simples fato de tocar o jornal sensacionalista, pudesse ficar "contaminada".

---

publicou o livro "Dans le Brume", onde conta detalhadamente a relação que faz entre canibalismo e sexo. Em uma entrevista, publicada no jornal "Libération" (10 de março de 1992), Sagawa descreve como retalhou sua vítima e enquanto preparava seu "alimento" sentiu uma "veritável ereção".

18. FREUD, S. *Totem e Tabu*. Op. cit.

3
O LADO ESCURO

1. PERVERSÕES

"Perversões: Desvio em relação ao ato sexual "normal", definido este como coito que visa a obtenção do orgasmo por penetração genital, com uma pessoa do sexo oposto.

Diz-se que existe perversão quando o orgasmo é obtido com outros objetos sexuais (homossexualismo, pedofilia, bestialidade, etc.) ou por outras zonas corporais (coito anal, por exemplo) e quando o orgasmo é subordinado de forma imperiosa a certas condições extrínsecas (fetichismo, travestismo, voyeurismo e exibicionismo, sadomasoquismo); estas podem mesmo proporcionar por si só, o prazer sexual.

De forma mais englobante, designa-se por perversão o conjunto do comportamento psicossexual que acompanha tais atipias na obtenção do prazer sexual" [1].

O verbete escrito por Jean Clavreul para a Enciclopedia Universalis define perversão como "um desvio do instinto sexual": "Nota-se que a perversão concerne o objeto sexual: o parceiro sexual eleito pode ser um indivíduo não exatamente heterossexual, mas homossexual (cf. homossexualidade), muito jovem (pedofilia, pederastia), muito velho (gerontofilia), ou mesmo o cadáver (necrofilia). O objeto sexual pode igualmente ser um animal (zoofilia, bestialidade), uma roupa, um sapato, ou uma vestimenta íntima (fetichismo), o perverso pode vestir as roupas do sexo oposto (travestismo). E também a prática sexual em si, que pode ser pervertida:

---

1. LAPLANCHE, Jean. *Vocabulário de Psicanálise.* São Paulo, Martins Fontes, 1991.

exibicionismo (dos órgãos sexuais), voyeurismo, sadismo (causar sofrimento ao parceiro), masoquismo (o perverso erotiza seu próprio sofrimento), participação de terceiros (um ou mais) nas práticas sexuais, multiplicação de atos sexuais (satiríase, ninfomania), essas diversas práticas sendo freqüentemente associadas umas às outras".

Optou-se por dividir algumas dessas definições, de acordo com a constância que aparecem no jornal sensacionalista pesquisado, para melhor compreender como essas práticas desviantes são tratadas. Desta maneira, serão comentados separadamente: homossexualismo, fetichismo, voyeurismo e sadomasoquismo.

2. HOMOSSEXUALISMO

O tratamento que o jornal sensacionalista dá ao homossexual é preconceituoso, marginalizante, ofensivo e retrógrado. O homossexual aparece como um perverso degenerado, cuja conduta fere a "normalidade" e coloca em risco as instituições.

Pedroso, em sua tese, afirma que o jornal sensacionalista faz do homossexual "algo escandaloso, cômico, provocador, perturbador e agressivo". O desvio da ordem, que disciplina com rigidez os papéis masculinos e femininos, considera o homossexual "inaceitável, sujo e doentio". A autora continua, dizendo que "os homossexuais, como grupos desacreditados e estigmatizados, encarnam a variacão ilegítima das possibilidades sexuais definidas como mulher e homem, porque contrariam as regras dominantes da sexualidade e ultrapassam as fronteiras das escolhas sexuais oficializadas". Ainda de acordo com Pedroso, "essa conduta dissidente desafia e subverte a realidade social, pondo em questão os seus procedimentos admitidos como certos, porque estabelece contrastes com as identidades legitimadas". A mulher homossexual, conforme a análise de Pedroso, não merece melhor tratamento, ao contrário:

> "A mulher homossexual, por sua vez, aparece referida como uma figura negativa, grosseira, indesejada, ilegítima que, pela ousadia de subverter a ordem da sexualidade, tem um 'status secundário' em relação ao homossexual masculino, decorrente das leis, costumes, tradições, psicologia, religião e educação discriminatórias, institucionalmente dirigidos à mulher. Conseqüentemente, o uso livre do corpo pelas mulheres (e sapatões) é considerado um comportamento desviante, antinatural, porque não é isso que se espera dos seus *destinos sociais*" [2].

A psicanálise, desde seu início, sempre manteve uma posição firme com relação ao homossexualismo ser uma opção sexual. Em "Três Ensai-

---

2. PEDROSO, Rosa Nívea. *A Produção do Discurso...*, op cit.

os", Freud deixa claro que "a psicanálise recusa-se em absoluto a admitir que os homossexuais constituam um grupo com características particulares, que poderia ser separado do grupo de outros indivíduos. Levando sua investigação a excitações sexuais distintas das manifestações exteriorizadas, ela pode estabelecer que todos os indivíduos, sejam eles quais forem, são capazes de escolher um objeto do mesmo sexo, e que todos fizeram, efetivamente, essa escolha no seu inconsciente". Ainda neste ensaio, Freud acentua que não era possível dar uma explicação satisfatória da gênese da inversão e rejeitava o emprego do termo "degeneração", para designar um comportamento homossexual. Freud argumenta: "Vários fatos nos demonstram que os invertidos não podem ser considerados como degenerados: 1) porque se encontra a inversão em pessoas que não mostram outras graves anormalidades; 2) porque aparece em pessoas cuja capacidade funcional não se acha perturbada e até em alguns que se distinguem por um grande desenvolvimento intelectual e elevada cultura ética; 3) porque a expressão médica (...) impede considerar a inversão como signo degenerativo". Freud acrescenta que a inversão era "quase uma instituição" entre povos antigos e "se encontra extraordinariamente difundida em muitos povos selvagens e primitivos, sendo que o conceito de degeneração deve-se limitar a civilizações elevadas".

Apesar de Freud situar a homossexualidade como perversão, ele remarca que "as perversões não constituem uma bestialidade, nem uma degeneração no sentido emocional da palavra" e que é preciso falar sem indignação nenhuma daquilo a que damos o nome de perversões sexuais, ou seja, das extralimitações da função sexual quanto à região somática e ao objeto sexual [3].

Freud discute a proposição de hermafroditismo, que seria constitucional em todo ser, "em nenhum indivíduo masculino ou feminino, normalmente desenvolvido, deixam de encontrar-se traços do aparelho genital do sexo contrário que, ou perduram sem função alguma como órgãos rudimentares, ou sofreram uma transformação, dirigida à adaptação de funções distintas". Freud cita vários autores que trabalharam com hipóteses da bissexualidade, entre eles, Gley que em um artigo intitulado "As Aberrações do Instinto Sexual" (1884), aplicava a idéia da bissexualidade para explicar o comportamento homossexual. A tese da bissexualidade, no entanto, foi exposta a Freud por Wilhelm Fliess. O não-reconhecimento da influência de Fliess nesse objeto teria sido um dos motivos do rompimento da amizade entre os dois pesquisadores [4].

No texto "Observações Psicanalíticas sobre um Caso de Paranóia — Caso Schreber" (1910), Freud compara o homossexualismo com a relação narcísica, numa referência a Narciso que representa a imagem de si mesmo.

---

3. FREUD, S. Três Ensaios. Op. Cit.
4. JONES, E. A Vida e Obra de Sigmund Freud. Rio, Imago, 1989.

Neste texto, Freud afirma que "em geral, o homem oscila durante toda a vida entre sentimentos heterossexuais e homossexuais e a privação ou o desencanto de um dos tais setores o leva ao outro". Freud explica que a evolução da libido passa por um estágio intermediário entre o auto-erotismo e o amor objetal.

Durante a evolução sexual, o indivíduo toma, primeiramente, seu corpo como "objeto amoroso antes de passar à eleição de uma terceira pessoa como tal". O curso posterior dessa evolução, prossegue Freud, leva à eleição de um objeto provido de genitais idênticos, "passando, pois, por uma eleição homossexual de objeto antes de chegar à heterossexualidade".

Freud salienta que "uma vez alcançada a eleição heterossexual de objeto, as tendências homossexuais não desaparecem, nem ficam suspensas, sendo que são simplesmente desviadas de um fim sexual e orientadas para outros novos".

Em "Algumas Conseqüências Psíquicas da Diferença Sexual Anatômica" (1925), Freud concluía que a sexualidade humana se estabelecia como a "herança de um mosaico" de uma "disposição bissexual", onde se combinavam características "tanto masculinas, quanto femininas". Por isso, Freud entendia que não havia masculinidade e feminilidade "puras".

No texto "Mal-Estar na Civilização", Freud reforçava a tese da bissexualidade constitucional, argumentando que "todo homem apresenta tendências instintivas, necessidades e atributos, tanto masculinos, quanto femininos" e que só a anatomia — e não a psicologia — poderia determinar a índole do masculino e do feminino. "O homem é um animal de indubitável disposição bissexual. O indivíduo equivale à fusão de duas metades simétricas, uma das quais seria, segundo a opinão de alguns investigadores, puramente masculina e a outra, feminina". Freud afirmava, assinalando, contudo, que "a teoria da bissexualidade contém ainda numerosas obscuridades e que não podemos deixar de estar seriamente embaraçados na psicanálise por não termos podido encontrar ainda a sua ligação com a teoria das pulsões".

Em abril de 1935, Freud responde a uma carta que lhe tinha sido enviada por uma mãe desesperada [5]. Ela pedia conselhos a Freud e deixava entrever que havia descoberto que seu filho era homossexual. Trecho da resposta de Freud:

> "A homossexualidade não é uma vantagem, mas também nada do que devemos ter vergonha, não é um vício, nem degradação e não saberia qualificar de doença, nós a consideramos como uma variação da função sexual, provocada por uma certa paralisação no desenvolvimento sexual. Inúmeros indivíduos, altamente respeitáveis, de tempos

---

5. JONES, E. *A Vida e Obra de Sigmund Freud*. Rio, Imago, 1989.

antigos e modernos, foram homossexuais e, entre eles, se encontram alguns grandes homens (Platão, Michelângelo, Leonardo da Vinci, etc.). É uma grande injustiça perseguir a homossexualidade como um crime — e também uma crueldade" [6].

Freud dizia ainda que o pedido dela de transformar a homossexualidade do filho em heterossexualidade, envolvia alguns problemas: "De uma maneira geral, nós não podemos prometer que vai dar certo". Freud escreve que o que a psicanálise poderia fazer se situava em um nível diferente:

"Se ele é infeliz, neurótico, dividido por seus conflitos, inibido na vida social, a psicanálise pode lhe levar a harmonia, a paz de espírito, uma plena atividade ainda que se mantenha homossexual, ou que altere este comportamento" [7].

Muito distante dos conselhos de Freud, o jornal sensacionalista assume também o papel de superego acessório para punir o homossexual como transgressor. Exerce esse atributo com tanta impetuosidade, com um excesso de zelo tamanho, que sugere que por trás dessa homofobia se esconde uma "projeção", mecanismo paranóico que leva o sujeito a lançar fora de si aquilo que não aceita no seu inconsciente. A projeção é considerada pela psicanálise como uma "defesa" do aparelho psíquico que passa a atribuir ao outro desejos que o sujeito recusa em si:

"A projeção aparece então como meio de defesa originário contra as excitações internas cuja intensidade as torna demasiadamente desagradáveis, o sujeito projeta-as para o exterior, o que lhe permite fugir (evitamento fóbico, por exemplo) e proteger-se deles" [8].

Fenichel observa que "muita gente combate o homossexualismo na sociedade em vez de sentir-se culpado pelo seu próprio homossexualismo inconsciente" [9].

O jornal sensacionalista, ou melhor, os produtores do jornal sensacionalista deixam mais uma vez a instância moral prevalecer e há aí uma dupla submissão: 1) a que se processa na cabeça do jornalista, que por um processo de motivação subjetiva utiliza a homofobia como um escudo protetor, isto é, ataca no outro aquilo que recusa nele próprio; 2) processo semelhante ocorre no leitor ao aceitar, repercutir e aderir à mensagem preconceituosa.

O tratamento editorial dado ao homossexual, vítima de um crime é – sem a intenção do trocadilho — o da inversão. Ainda que tenha sido

---

6. JONES, E. *A Vida e Obra de Sigmund Freud*. Rio, Imago, 1989.
7. Idem, ibidem.
8. LAPLANCHE, Jean. *Vocabulário de Psicanálise*. Op. cit.
9. FENICHEL, *Otto.Teoria Psicanalítica...,*op. cit.

assaltado, roubado, estuprado, assassinado, repousa sobre ele — indiretamente — o ônus da culpa, porque ele é homossexual, porque ele tem um comportamento "desviante", "anormal", "transgressor", "degenerado". A moral sexual do jornal sensacionalista é pré-século XX e não acompanhou a evolução que ocorreu no social, que já aceita, compreende e não reprime a homossexualidade.

Para o jornal sensacionalista, o homossexual incorre em crime já na sua escolha de objeto. Como personagem excluído, minoritário, o homossexual sofre uma dupla discriminação: a da opção sexual e o tratamento do qual ele é alvo na edição sensacionalista, que faz o mais fácil: ataca o grupo minoritário e desloca sobre esse grupo as pulsões sádicas do social restante (onde a homossexualidade inconsciente obriga a um esforço constante de repressão e de projeção homofóbica).

Como minoritário, como aquele que afronta a moral da maioria, o homossexual precisa pagar o preço dessa não-submissão. Portanto, quando ele sofre uma violência, quando é assassinado, o jornal sensacionalista edita a notícia de forma paralela, estendendo a ação criminosa ao lado da homossexualidade da vítima. O propósito implícito parece ser o de "justificar" (ou pelo menos "compreender") o ato violento. O criminoso ganha um status "diferente", identificado como transgressor de "importância" especial, por ter punido um transgressor mais temido, inconscientemente, pelo tecido social.

3. FETICHE

O termo fetiche tem origem portuguesa, "fetisso", significando objeto encantado, mas remonta ao latim cujos termos "factum", "factitium", "facticius", "faetitius" querem dizer aquilo que é artificial ou imitativo. Em português, feitiço tomou o senso de charme e sortilégio. É daí que provém a denominação de feitiço, fetiche, para os objetos adorados pelos povos negros da África. De objeto material, venerado como um ídolo pelas seitas africanas, fetiche passou a significar para a psicanálise "fascinação obsessiva". Binet, psicólogo francês, utilizou a palavra "fetiche", em 1888, no sentido de fixação erótica. Nesse mesmo ano, Max Dessoir (pseudônimo de Ludwig Brunn), no estudo "Deutsches Montagsblatt", explicou a característica monoteísta do fetichismo erótico:

> "O amor normal nos parece uma sinfonia composta de sons de toda sorte. Ele resulta das excitações mais diversas. Ele é, portanto, politeísta. O fetichismo conhece apenas o timbre de um instrumento único, ele é constituído por uma excitação determinada; ele é monoteísta" [10].

---

10. apud KRAFFT-EBING, Richard. *Psychopathie Sexualis*. Paris, Payot, 1956.

Se o fetiche religioso lança sobre um objeto qualidades divinas, miraculosas ou protetoras, o fetichismo erótico se forma na "acentuação libidinosa da representação das diversas partes do corpo, das qualidades, das roupas do outro sexo, ou somente os materiais dos tecidos dos quais o outro sexo costuma se trajar", afirmava Krafft-Ebing, explicando que "graças às relações de associação com uma representação do todo ou uma personalidade total (os objetos, ou partes do corpo) provocam sentimentos vivos ou um interesse considerável, constituindo uma sorte de charme ou de encantamento" [11].

Krafft-Ebing esclarecia que "não é fácil traçar uma fronteira precisa entre o fetichismo normal e o patológico", notando que "o anormal consiste em um efeito parcial que concentra nele o interesse sexual, de tal sorte que, todas as outras impressões fiquem de lado e se tornem mais ou menos indiferentes" [12].

O autor de "Psychopathie Sexualis" chamava a atenção para o "elemento patológico que se mostra sobretudo no fato de que o fetichista não considera o coito como alvo real de sua satisfação", mas toma como tal uma parte do corpo ou do objeto que o interessa, e que se transforma num fetiche.

Krafft-Ebing remarcava que "é um fato bem conhecido pela experiência que o acaso decide, freqüentemente, esta associação mental, e também que o objeto do fetiche pode ser, individualmente, de natureza muito variada". O autor citava Max Dessoir que lembrava um costume na Idade Média, segundo o qual, quando se bebia no sapato de uma mulher, esse gesto significava "uma galanteria e uma homenagem altamente sedutora". Krafft-Ebing notava que "no conto de Cinderela, o sapato tem mesmo um papel de primeiro plano" [13].

Caberia a Freud, no entanto, lançar uma hipótese que não só demonstrava como o fetiche agia no indivíduo, mas também buscava uma explicação para o seu aparecimento como "substituição inapropriada de objeto sexual". Não seria, contudo, na obra "Três Ensaios para uma Teoria Sexual", que Freud avançaria na busca de uma explicação analítica desta fixação erótica. A exemplo de Krafft-Ebing, limitava-se neste estudo a citar que o caso patológico surgia quando o desejo se fixava na condição de fetiche, "ou quando o fetiche se separa da pessoa determinada e se torna por si mesmo o único fim sexual". Freud lembrava que o pé é "um antiqüíssimo símbolo sexual" e que as peles desenvolvem um papel de fetiche, porque são associadas ao "cabelo que recobre o monte de vênus". Somente no estudo "Uma Recordação Infantil de Leonardo Da Vinci" (1910), Freud ia mais além e lançava a tese inovadora de que "o pé

---

11. apud KRAFFT-EBING, Richard. *Psychopathie Sexualis*. Paris, Payot, 1956.
12. Idem, ibidem.
13. Idem, ibidem.

substitui o pênis feminino que a criança acha estranhamente de menos na mulher".

No ensaio "Fetichismo" (1927), Freud utilizava o termo "denegação" para denominar o processo em que a criança recusa tomar conhecimento de sua própria percepção de que a mulher não tem pênis. Freud faz ver que "o horror à castração erege a si mesmo uma espécie de monumento para criar tal substituto". Freud mostrava que "o pé ou o sapato devem sua preferência total ou parcialmente — como fetiches à circunstância de que o menino curioso deseja espiar os genitais femininos, desde baixo, a partir das pernas, até em cima". Essa linha ascendente foi interrompida por proibição ou repressão, limitando-se a se fixar no pé ou no calçado, eleito como fetiche.

"A roupa interior, tão freqüentemente adotada como fetiche, reproduz o momento de desvestir-se, o último no qual a mulher pode ser considerada ainda como fálica" [14].

Steckel, que pertenceu ao grupo de Freud até 1912, cita no trabalho "Sadismo Encoberto (Pars Prototo)", o caso de um maníaco que no início do século, em Paris, queimava os casacos de peles de mulheres, com "um líqüido cáustico desconhecido, destroçando-os completamente". Steckel assegurava que "todos esses atos são cometidos com uma intensa tonalidade afetiva e em estado hipnótico. Na maioria dos casos, os enfermos desconhecem a origem sexual de seus atos".

No ensaio "Análise de um Fetichista dos Pés", Steckel vai dizer que "o fetichismo é uma religião substitutiva". Relata o caso de "Beta", um professor de 30 anos que sofria de agorafobia (medo de sair na rua) e fetichismo de pés. "Beta" não conseguia completar uma relação sexual. Para se satisfazer precisava visualizar um pé descalço e depois se masturbava.

Depois de uma análise que durou um ano, Steckel concluiu que o pé tinha se convertido para "Beta" em órgão genital, em "religião" privada, onde se aglutinavam sentimentos inconscientes de pecado, prazer, castigo e recompensa.

Baudrillard utiliza a hipótese de Freud de que o fetichismo é a castração denegada, quando vai trabalhar com símbolos da moda:

"A marca fetichista (colares, braceletes, anéis) acalenta e lembra sempre a marca sadomasoquista (mutilação, ferimento, cicatriz). As duas perversões cristalizam eletivamente em volta desta aparelhagem de marcas (...) O corpo se exalta pela complacência, pela autoredução, no sadomasoquismo, ele se exalta pelo sofrimento (autoerotismo doloroso) (...) Toda perversão joga com a morte" [15].

---

14. FREUD, S. *Fetichismo*. In: Obras Completas. Madrid, Biblioteca Nueva, 1981.
15. BAUDRILLARD, Jean. *L'Échange Symbolique et la Mort*. Paris, Gallimard, 1976.

Baudrillard entende que moda, publicidade, nudez, teatro nu, *striptease,* "por todo lugar", se depara com o "cenodrama da ereção e da castração".

Baudrillard diz que "ser castrado é cobrir-se de símbolos fálicos":

"Todo o material significante de ordem erótica é feito senão da panóplia dos escravos (anéis, colares, chicotes, etc.), dos selvagens (negritude, bronzeado, nudez, tatuagem), de todos os signos de classes e de raças dominadas. Assim a mulher, através de seu corpo, se anela a uma ordem fálica na qual a expressão política a condena à inexistência"[16].

Baudrillard faz uma análise do *strip-tease,* vendo na "lentidão dos gestos" um "sacerdócio" que processa "a transubstanciação", "não aquela do pão e do vinho, mas a do corpo em falo" [17].

O fetiche tem papel relevante no jornal sensacionalista como argumento de venda. A mulher colocada estrategicamente na capa, em sintonia com a manchete escandalosa, é fetichizada a tal ponto que, às vezes, chega a não existir. Está no jornal, na capa, mas como objeto-fetiche. Sem nome. Investida de presença ahistórica. Despossuída de qualquer contexto. Bibelô extravagante, sua presença revela um deslocamento da finalidade normal, por não convocar à convivência, à troca, ao diálogo, mas soa com "timbre de intrumento único" (Dessoir), "transubstanciada em falo" (Baudrillard). Ou seja, essa mulher não é a mulher que pertence a uma determinada espécie, mas uma caricatura. Para nascer o fetiche, é necessário que o indivíduo pereça.

A mulher fetiche do jornal sensacionalista vem envolta em lingerie, sapatos de salto alto e adereços (chapéus, capas, luvas). Sob essa cobertura de "símbolos fálicos" (Baudrillard), essa mulher — que não é mais a *mulher* — engendra uma inversão perversa: está numa posição de idolatria, mas nessa investidura não é mais um indivíduo, e sim aquilo que falta, peça sobressalente, "aparelhagem" (Baudrillard). Objeto de culto de uma *religião privada* (Steckel), a mulher fetiche é deslocada do real. Perde contato com o social e se transfere para o imaginário, onde passa a existir como "relíquia", "coisa sagrada", no limite esquizofrênico, onde os espaços da realidade e da representação parecem se juntar promiscuamente.

4. VOYEURISMO

Além do fetichismo, visto no capítulo anterior, o exibicionismo, proposto pela foto da capa do jornal sensacionalista, conduz a investigação para um outro campo. A nudez explícita de certas partes do corpo da mulher

---

16. BAUDRILLARD, Jean. *L'Echange Symbolique et la Mort.* Op. cit.
17. Idem, ibidem.

(nádegas, seios, coxas) proporciona (ou pretende proporcionar) ao leitor um prazer de ordem visual, o que leva à constatação de que existe também uma proposta exibicionista-voyeurista nesse gênero de ilustração. No jogo estabelecido, identifica-se o exibicionismo da modelo que consente em se expor e o voyeurismo daquele que observa. "Voyeur" é um termo francês que significa aquele (a) que olha, que assiste à ... como curioso (a)[18]. A visão de um corpo nu geralmente excita e desperta a libido. Freud acentua que a contemplação do nu como estímulo para uma finalidade sexual é "patrimônio de todos os normais", ressalvando que a contemplação se constitui uma perversão: "a) quando se limita exclusivamente aos genitais; b) quando aparece ligada à superação de uma repugnância *(voyeurs)*, espectadores do ato de excreção; c) quando ao invés de preparar para o fim sexual normal, o reprime"[19].

Freud reputava ao olho a propriedade da "zona erógena", assinalando que o indivíduo exibicionista é "ao mesmo tempo" *voyeur.*

Com relação aos meios de comunicação a franja que percorre o voyeurismo "normal" daquele que poderia ser considerado "patológico" é difícil de ser determinada, porque a atração leitor-foto fetiche é idiossincrásica. Segundo Freud, poderia se dizer que se a contemplação tivesse um objetivo "estimulante" não poderia ser considerada uma perversão; no entanto, se essa contemplação reprimisse o ato sexual "normal", deveria ser considerada patológica. Mesmo com esses indícios, questões de toda ordem podem ser colocadas e o terreno se mostra demasiadamente "movediço" para uma aventura, ainda que especulativa. De qualquer maneira, deve-se afirmar que no jornal sensacionalista existe o vínculo exibicionismo (do corpo revelado)/voyeurismo (do leitor que se excita). Agora, se essa relação é "patológica", "anormal", "perversa" é um juízo de valor que não se fará aqui. Finalmente, a opinião que os leitores têm sobre as fotos publicadas no jornal "Notícias Populares" é discutida na parte III deste trabalho.

5. SADOMASOQUISMO

Os termos sadismo e masoquismo foram cunhados por Krafft-Ebing, o primeiro a derivar nomes de escritores para as correspondentes patologias. O termo equivalente algolagnia, criado pelo psiquiatra alemão Schrenck-Notizing (algo-sofrimento, lagnia-volúpia), não *pegou.*

Sadismo vem da obra de Donatien Alphonse-François, marquês de Sade que viveu entre 1740 e 1814. Sade pertencia a uma família provençal, nobre e tradicional. Fez a guerra dos sete anos, na Alemanha e, para aqueles que o conheceram, era um "amável mau sujeito" [20]. Em 1768, Sade açoita

---

18. *Dictionnaire de la Langue Française.* Paris, Gallimard, Hachette, 1958.
19. FREUD, S. *Três Ensaios.* In: Obras Completas. Madrid, Biblioteca Nueva, 1981.
20. HAVELOCK-ELLIS, Henry. *Études de Psychologie Sexuelle.* Paris, Mercure de France,1912.

violentamente uma mulher, Rosa Keller. Distribui bombons afrodisíacos para prostitutas. Participa de orgias. Se faz chicotear, tendo o cuidado de anotar o número de golpes. Por causa da influência de sua sogra junto às autoridades judiciárias, é internado como doente mental. Fica preso, no total, 27 anos. "Malgrado seu temperamento originariamente anormal, Sade não dava nenhuma razão para ser considerado realmente louco"[21]. Morreu aos 74 anos, quase cego, sofrendo de gota, asma e afecções do estômago. A obra de Sade é marcada por um tom monocórdico, demonstrativo, onde suplícios, espancamentos e assassinatos são cometidos e uma maneira impessoal, poderia se dizer, até entediante. Em Sade, o prazer sexual só existe quando acompanhado pela tortura. O protagonista sadeano é um libertino cruel que precisa matar, estuprar, corromper, para encontrar satisfação.

No sentido oposto, Léopold von Sacher-Masoch vai construir uma obra, que a crítica considera repetitiva, baseada na submissão de um homem a uma mulher cruel. Os biógrafos de Sacher-Masoch costumam contar uma passagem de sua infância que teria marcado seu caráter, um momento traumático que seria responsável por seu "masoquismo": aos dez anos, o jovem Léopold era muito apegado à condessa Xenobia X. — parente da família, por parte do pai de Léopold. A condessa é descrita como uma mulher atraente e sensual, que fazia Léopold atirar-se sobre as peles que ela portava. Ela aceitava seus serviços para se vestir. Certa vez, o garoto se ajoelhou e, quando lhe colocava as pantufas de arminho, beijou seus pés. Ela sorriu e lhe deu um tapa. Um dia, brincando de esconde-esconde, Léopold se oculta no quarto da condessa. Nesse momento, Xenobia chega com um amante, bem jovem. Ela se recosta no canapé e passa a acariciar o rapaz. Poucos minutos depois, entra no quarto o marido, acompanhado de dois amigos.

A condessa não se intimida, ao contrário, ergue-se e acerta um golpe no marido que cai, sangrando. Ela expulsa os três homens com um chicote. O amante aproveita a confusão também para fugir. Nesse instante, cai o biombo e Léopold é descoberto. A condessa joga-o no chão, põe um pé nas suas costas e lhe bate sem piedade com o chicote. A dor tinha sido grande e o menino, além do choque do açoite, tinha provado muito prazer. O conde reaparece, não mais colérico, mas doce e humilde. Como um escravo, o conde se ajoelha diante dela e implora perdão. A porta estava fechada, mas o jovem Léopold entendia o que o barulho do chicote e os gemidos do conde queriam dizer.

O chicote e as peles iriam se tornar símbolos da obra de Sacher-Masoch, que viveu em Florença, como criado e amante de uma princesa russa, situação que ele utilizaria em seus romances. Por sinal, a vida de Sacher-Masoch parece uma tentativa mal-sucedida de introduzir a ficção

---

21.HAVELOCK-ELLIS, Henry. *Études de Psychologie Sexuelle*. Op. cit.

no real [22]. Tanto na vida cotidiana, quanto em seus livros, Sacher-Masoch busca o prazer no sofrimento, na humilhação, na submissão a uma mulher mais forte e cruel, sempre ornamentada de peles e de posse de um chicote. Essa relação entre volúpia e crueldade não escaparia aos psiquiatras que passariam a se interessar pelo tema no final do século XIX. Krafft-Ebing não só seria o primeiro a utilizar o nome do escritor para nomear patologias, como também o primeiro a dar a devida importância à ligação entre dor e prazer sexual. Krafft-Ebing define sadismo como "O fato de sentir uma sensação de prazer sexual, indo até o orgasmo, no momento de humilhações, castigos e crueldades de toda sorte, exercidas sobre um outro indivíduo, ou mesmo sobre um animal, assim como o instinto de provocar essas sensações de prazer por meio de ações adequadas. O contrário de sadismo é masoquismo". Krafft-Ebing esclarecia que: "freqüentemente, o ato de sadismo não é mais do que uma substituição do coito".

Já masoquismo, na definição de Krafft-Ebing, era o "contrário de sadismo", tendo por base "a representação, a marca de prazer, ao suportar as ofensas e os maus tratamentos do parceiro, e de ser inteiramente submetido a seu poder (...) como meio de preparar ou de acompanhar a sensação de volúpia do coito, de aumentar essa sensação, ou ainda de substituir o coito, que não é tentado" [23].

Freud caracteriza sadismo e masoquismo como "a mais freqüente e importante das perversões" [24], fazendo ver que "o masoquismo não é outra coisa que uma continuação do sadismo, dirigida contra o próprio ego".

> "Aquele que encontra prazer em provocar a dor em outros na relação sexual está também capacitado a gozar a dor que lhe pode ser provocada nesta relação", acrescentando que "um sádico é sempre, ao mesmo tempo, um masoquista, e ao contrário" [25].

No ensaio "Batem em uma Criança" (1919), Freud menciona uma "confluência da consciência de culpabilidade com o erotismo". Desta forma, a criança elabora uma fantasia de flagelação e outras fixações perversas como uma derivação de uma ligação incestuosa com o pai. Essa relação incestuosa, no entanto, é reprimida, permanecendo uma fantasia substitutiva consciente. No caso do menino, o flagelador pode mudar de sexo e ser uma mulher, dotada de "atitude e qualidades masculinas".

Seria, no entanto, no texto "O Problema Econômico do Masoquismo" (1924), escrito no ano seguinte, que Freud recuperaria todos os conceitos que havia trabalhado anteriormente, dando um acabamento mais sólido

---

22. SACHER-MASOCH, Wanda. *Confessions de Ma Vie*. BUREAU, Leopold van: *Sacher-Masoch,* 1989.
23. Idem, ibidem.
24. FREUD, *S.Três Ensaios...,* op. cit.
25. Idem, ibidem.

entre as pulsões sádicas e masoquistas e sua relação com os processos psíquicos.

Freud inicia o texto salientando que "o fato de que a dor e o desprazer podem deixar de ser um sinal de alarme e constituir uma finalidade, supõe uma paralisação do princípio de prazer: o guardião da nossa vida psíquica foi narcotizado". O masoquismo, Freud mostrava, surgia como "um grande perigo, condição próxima ao sadismo, sua contrapartida". Freud considera três formas distintas de masoquismo: 1) como condição da excitação sexual; 2) como manifestação da feminilidade; 3) como norma de conduta. "Correlativamente, podemos distinguir um masoquista exógeno, feminino e moral", ele assinala, explicando que à primeira podem ser atribuídas causas biológicas e constitucionais, de origem "inexplicável" e "obscura". Já a terceira representa uma "consciência de culpabilidade" que é inconsciente na maior parte dos casos". A segunda, o masoquismo como representante do feminino, "não apresenta grandes problemas e cujas relações obtemos de imediato uma visão clara e total".

O conteúdo manifesto desta fantasia (masoquismo feminino) consiste em que o sujeito seja "amordaçado, manietado, golpeado, fustigado, maltratado de uma forma qualquer, obrigado a uma obediência incondicional, e que ele seja ainda enxovalhado e humilhado", para que haja a ereção e sirva como introdutória ao ato sexual. Esta fantasia podia ser interpretada, segundo Freud, como alguém que quer ser tratado como uma criança pequena, dependente, "mas especialmente como uma criança má". Freud diz que essa interpretação era a mais próxima e fácil, mas que era possível ir adiante e revela que essa fantasia masoquista encobre uma característica da feminilidade, onde o sujeito quer ser "castrado, suportar o coito e parir". Freud salienta também a importância do "sentimento de culpabilidade" que oculta uma "relação com a masturbação infantil" e que está por trás do "masoquismo moral". Freud retorna à tese de "Batem em uma Criança" e lembra que por trás do sentimento de culpabilidade" há o desejo de "ser maltratado pelo pai", ou seja, ter uma "relação sexual passiva (feminina) com ele".

Já no masoquismo moral ocorre um processo cíclico, havendo a tentação de cometer atos "pecaminosos" que logo serão castigados com reprimendas provenientes da "consciência moral sádica", ou "com penas impostas pelo grande poder parental do Destino". Nesse sentido, o masoquista precisa "trabalhar contra seu próprio bem, destruir os horizontes que se abrem no mundo real e, inclusive, pôr fim a sua existência real".

O que se pode dizer com respeito à equação *sadomasoquismo/sensacionalismo* é que ela aparece nas formas narrativas, provocando reações afins no leitor. O jornal sensacionalista trabalha com formas explícitas de sadomasoquismo, como a mulher espancadora, a mulher cruel, mas também utiliza recursos menos evidentes, derivados de fantasias correlatas. Há no propósito editorial sensacionalista uma descarga sádica, uma violência, um prazer na destruição, que provoca reações semelhantes no leitor. O *fait divers* se encaixa como fantasia substitutiva, cabendo à linguagem-clichê completar o circuito e permitir as descargas propostas, segundo o objetivo editorial sensacional. No papel de superego sádico, o jornal (também o radiojornal e o telejornal) sensacionalista age como um educador, proibindo e castigando, mas também com propósitos mais cruéis: há humilhação, domínio, (controle sobre o objeto) e uma perspectiva de quem quer ferir, causar dor.

Se alguém achar que o leitor entrevistado dirá que se sente como um ego feminino e passivo, diante de um superego cruel e esmagador pode estar certo de que está distante das respostas articuladas. Evidentemente, não existe este grau crítico, mas apenas nuances das relações que estão em jogo na proposta editorial sensacionalista.

O que parece ocorrer é uma identificação do leitor com o superego acessório, assumido pelo jornal. O transgressor punido, e assim exibido pelo meio, é o transgressor introjetado na cabeça do leitor, que por sua vez recebe o estímulo correspondente de seu superego, algo assim como: "eu não falei?"

O ego do leitor se sente em posição "passiva e feminina" diante do superego acessório sádico. Por procuração, suas pulsões transgressoras são reprimidas e castigadas. Masoquista, ele se submete à flagelação perpetrada pelo superego acessório. Seu prazer é mais uma vez vicário, porque sente prazer na punição imposta a outro, como se fosse dirigida a ele.

Exemplificando: alguém sente desejo de cometer um estupro, recalcado sob o peso de diversas circunstâncias (morais, sociais). Em seguida, na leitura do jornal, esse estuprador potencial toma conhecimento de um caso, onde um estuprador, preso em flagrante, foi punido por seus companheiros de cela e estuprado por mais de 20 detentos, depois de ter todos os pêlos do corpo raspados.

Desta maneira, o prazer é vicário, porque o ego masoquista do leitor se coloca no lugar do transgressor punido e absorve a violência proveniente dos dois superegos (o acessório, incorporado pelo jornal, e aquele que lhe foi introjetado). Ou seja, o leitor transgride e é punido, por procuração. Essa punição — a real, imposta ao estuprador — pode originar uma fantasia substitutiva masoquista que vai propiciar uma satisfação até mesmo concreta, ou se dessexualizar, através de comportamentos sublimatórios.

Por outro lado, o processo inverso também parece ocorrer. O desejo sádico de matar, ferir, violentar, de extravasar uma violência contida, de castigar e punir aqueles que transgridem, pode encontrar reflexo no meio de comunicação. É relevante utilizar o termo "meio", por denotar a possibilidade de atuação pelo outro, ir aonde o outro não pode, ou teme chegar. O superego acessório sádico castiga e humilha o ego transgressor e, por reflexo, por procuração, o superego sádico do indivíduo se satisfaz, como se fosse ele mesmo que estivesse recompondo a ordem, a lei e os valores ameaçados.

78

Num outro sentido, o meio celebra a perversão, como se a instância moral tivesse sido esquecida momentaneamente, num gesto semelhante àquele de apagar a luz:

"O jornalismo sensacionalista, pela maneira própria de engendramento discursivo, estrutura, representa e permite o acesso ao mundo da liberdade pela exploração dos temas agressivos, homicidas e aventureiros, que não podendo realizar-se na vida cotidiana, submetido às leis e à censura, tendem a realizar-se projetivamente, na leitura" [26].

Os leitores experimentam, então, "emoções sádicas ou eróticas" [27]. Poderia se acrescentar também sadomasoquistas ao rol de emoções proposto pela autora, além de fetichismo, voyeurismo, entre outras perversões que obtêm passagem livre e não recebem a contracarga punitiva da instância moral.

Isto porque o jornal sensacionalista divide seu espaço, suas edições, de acordo com o oscilar de um pêndulo, um pêndulo perverso que põe em pratos opostos a transgressão e a punição, o sadismo e o masoquismo, o pecado e a expiação.

---

26. PEDROSO, Rosa Nívea. *A Produção do Discurso...,* op.cit.
27. Idem, ibidem.

Parte III
Notícias Populares

1
APRESENTAÇÃO

Depoimento de Luis Fernando Levy a Gisela Goldenstein, extraído do livro "Do Jornalismo Político à Indústria Cultural":
"Nós tínhamos através da atitude principalmente de meu pai (Herbert Levy) uma situação empresarial definida, ligada a banco, atividades agrícolas e comerciais e uma atitude política representada pela atuação política dele, desde a mocidade, etc. E nunca houve uma dissociação entre a atividade empresarial e a política (...) Na época em que começou a se deteriorar o processo político de poder em 1961, quando o Jânio renunciou, isto é, entregou, criou aquele caos, a crise total, quer dizer, total dificuldade de comunicação e mesmo de ordenação dos diversos grupos que atuavam e atuam no processo brasileiro, é claro, muitos ficaram preocupados em contra-atacar o pessoal que estava no poder. Quando o Jango assumiu, houve aquela 'degringolada' e rapidamente alguns grupos começaram a influir decisivamente junto a ele: além de grupos interessados em esquerdizar radicalmente a posição do governo brasileiro, existiam grupos que, na verdade, eram grandes aproveitadores daquele caos e que, ao esforço de derrocada política, somavam um esforço de aproveitamento comercial, que representava também a derrocada econômica do país. No início de 1963, a situação brasileira apresentava, além de risco político, um risco mais sério, o econômico. Era um país falido, com as estruturas completamente deterioradas (...) então nós, dentro da linha que vínhamos seguindo, resolvemos atuar em todos os campos, no sentido de impedir que o caos tomasse conta das coisas e que os grupos ligados tanto ao radicalismo de esquerda, quanto aos corruptos que se aproveitavam do poder — e que estavam associados no processo de mudança de situação — alcançassem seus objetivos.

"Nós atuamos em todas as áreas que podíamos. Algumas vezes nos organizamos com outros grupos: estudantis, sindicais, sindicais patronais e sindicais de movimentos anticomunistas. Naquela ocasião, o sindicato era dirigido mesmo. Então, quem estava contra o dirigismo nós apoiávamos de todas as formas possíveis; mas mesmo nos meios empresariais, existiam grupos que nós condenávamos como grupos empresariais, isto é, não estavam preparados para entender o papel de uma empresa dentro de uma sociedade democrática. E nesta hora eles também estão juntos... Fizemos grupos dos dez também, aprendemos a lição (referência a Brizola), para ter uma ação conjunta de defesa (...), tivemos ação contra o João Pinheiro Neto, presidente do Supra (Incra) em frente à Faculdade de Direito... (contra) a palestra do Paulo de Tarso, que era ministro da Educação, no Mackenzie, nós quebramos, fizemos o diabo, enfim, uma série de ações mesmo.

"Na verdade, a idéia de fazer 'Notícias Populares' nasceu quando, neste trabalho assim de contra-ofensiva, nós verificamos que um dos instrumentos de ação perigosos, porque pegavam uma população completamente desprevenida e desorientada no sentido de formação de opinião, era a 'Última Hora', que em São Paulo tinha cerca de uns duzentos mil jornais de tiragem e que, ao lado da alimentação, vamos dizer, que davam para o povo — que era sexo, crime, sindicatos — jogavam idéias, distorciam fatos, enfim, dirigiam a opinião da população e dos trabalhadores, através desse órgão de comunicação. E nós, em contrapartida, não tínhamos acesso ao populismo, não só porque na verdade o sistema de comunicação do pessoal empresarial com o povo é sempre mais difícil, como também porque nós não tínhamos aquilo que eles queriam *beber,* que era um jornal popular. Então, nasceu a idéia de fazer um jornal, dando o que normalmente recebiam...sem o algo mais... O ingrediente político que a 'Última Hora' dava debaixo da orientação dirigida na ocasião.

"A fórmula sexo-crime-sindicato não é nenhuma invenção nossa. É na verdade o resultado de pesquisas que se fazem e era isso que levava o pessoal a comprar o jornal. Junto com isto é que vinham os outros ingredientes (em Última Hora). O objetivo do jornal era claramente roubar o público de 'Última Hora'. Era dar pelo menos uma alternativa, senão uma substituição, que era o que nós desejávamos e que aconteceu; nós queríamos trazer uma alternativa para fazer um fogo de encontro.

"(O Jornal 'Notícias Populares') falava pouquíssimo de política, o mínimo necessário; às vezes dava cobertura a uma ou outra manifestação, dentro daquela linha de reação, de contra-ofensiva ao trabalho de desordem. A idéia era sempre a de não se ter posição, de tentar formar opinião ou deformar opiniões (...) e dar aquilo que eles estavam querendo e mais alguma coisinha, água com açúcar, às vezes algumas informações.

"(Notícias Populares) era um jornal construtivo, quer dizer, do mesmo jeito que nós achávamos que 'Última Hora' queria criar a imagem de uma situação negativa, criar uma cisão violenta entre o empresariado e o esquema sindical trabalhista, nós fizemos um fogo de encontro, dizendo que as coisas não eram bem assim, havia que considerar outros aspectos (...) mas com muito cuidado e com muito critério, para que não cometêssemos o erro de querer dar para nosso leitor aquilo que ele não estava nem com vontade de ler.

"Tínhamos alguns outros empresários que, provocados por nós, aplicaram pequenas importâncias na compra de ações, como José Ermírio de Moraes Filho, Luiz Pinto Thomaz (...) João Arruda que tinha a tecelagem Santana, homens assim, mas todos eles foram reembolsados depois de algum tempo por nós; o que queríamos era um apoio para o lançamento inicial. Algumas empresas fizeram anúncios, muito poucos; na verdade, este esforço foi bancado em termos de despesa e trabalho quase que exclusivamente por nós.

"Toda empresa tem como ideal dar resultado, não é? Neste caso (o de 'Notícias Populares'), o objetivo de dar resultado era menos importante que o objetivo de atingir as metas a que se propunha na área política".

Goldenstein explica que Herbert Levy era presidente da UDN, um dos líderes da ofensiva contra Goulart a partir de 1963 por grupos empresariais de São Paulo e um homem "ligado ao capital financeiro" (foi proprietário do Banco da América, depois absorvido pelo Itaú), agrícola (café, gado) e comercial. A autora mostra como os grupos dominantes de direita atuaram em diversas frentes para reduzir a "esquerdização" que se processava na época, nos mais diferentes níveis e esferas de atuação. "Se trata de uma luta de vida e morte e que será travada em todas as frentes", observa Goldenstein.

"No âmbito desta ação em todos os níveis, cuja coordenação final ocorreria só no ano seguinte, ao lado de conferências, palestras, da campanha de opinião pública promovida por J. Mesquita Filho através de seu jornal, ('O Estado de S. Paulo'), da atuação do IPES, do IBAD, coloca-se em São Paulo a criação do 'Notícias Populares' pela família Levy".

Com relação ao jornal "Última Hora" (criado por Samuel Wainer, com ajuda indireta de Getúlio Vargas, que precisava de um veículo para apoiar seu governo) a autora observa que era "identificado com a esquerda". Caberia ao "Notícias Populares" "neutralizar o 'Última Hora', mas isto seria buscado de uma forma muito especial: o jornal não iria polemizar com 'Última Hora', teria os ingredientes que, segundo supunha o grupo, era o que estas classes queriam 'beber' (sexo, crimes, etc.) e que faziam com que lessem 'Última Hora'. Mas não teria o 'algo mais', o ingrediente político". "Notícias Populares" seria, então, um jornal político "que falaria o mínimo possível de política".

Goldenstein analisa a mensagem de abertura de "Notícias Populares", destacando alguns trechos:

> "São Paulo tem a partir de hoje mais um jornal. Precisamente este que você agora manuseia com o mesmo *sentido crítico* com que o povo forma e derruba governos ..."

"Não procure nestas páginas intenções políticas. Isto o cansaria sem resultado. Outro intuito não há, senão o de dar a V. a visão cotidiana de São Paulo, do Brasil, do mundo em que vivemos. Um mundo nem sempre bom, mas cheio de mensagens otimistas, de pujança científica, de solidariedade entre os povos, de trabalho ..."

A autora — que grifou os trechos da mensagem — considera a hipocrisia do editorial como uma inversão "de todas as concepções que o inspiraram". Se o povo não tinha senso crítico para avaliar a manipulação das informações que "Última Hora" processava, segundo a forma de ver do grupo Levy, "aparece aqui travestida no sentido crítico com que o leitor manuseia o jornal e ainda forma e derruba governos". Os empresários se transformavam em "povo como o leitor" e se a intenção verdadeira era neutralizar a penetração das idéias veiculadas por "Última Hora" "aparece aqui mascarado na declarada ausência de intenções políticas" [1].

Goldenstein reflete sobre as ações golpistas dos "liberais burgueses compreendidos na UDN":

"O moralismo cedera lugar ao pragmatismo: contra elementos considerados de esquerda, a ação direta, por vezes violenta, impedindo a livre manifestação do pensamento; contra um governo eleito, mas que consideravam ilegítimo apesar disso, a tentativa de golpe; contra o populismo de 'Última Hora', o antipopulismo populista de 'Notícias Populares', mas também contra a liberdade de imprensa do inimigo (...) o boicote econômico. Era mais um momento em que liberais brasileiros, em sua atuação, perjurariam momentaneamente alguns de seus princípios para implantar a democracia" [2].

A Editora Notícias Populares S.A foi constituída em 19 de abril de 1963, com um capital inicial de Cr$ 130.000,00 segundo ato publicado em 20/7/63 no Diário Oficial do Estado de São Paulo[3]. A organização industrial e empresarial de "Notícias Populares" se mostrava extremamente precária e "marcada pela improvisação"[4]. O jornal era impresso nas oficinas da "Gazeta Mercantil", "um tipo de 'Wall Street Journal', de pequena circulação, voltado para a área econômico-financeira"[5], jornal este que também pertencia a Herbert Levy.

As oficinas, que ficavam na rua do Gasômetro, "não se pode dizer que oferecessem condições ideais de trabalho"[6]:

---

1. GOLDENSTEIN, Gisela T. *Do Jornalismo Político à Indústria Cultural.* São Paulo, Summus, 1987.
2. Idem, ibidem.
3. Idem, ibidem.
4. Idem, ibidem.
5. Idem, ibidem.
6. Idem, ibidem.

"Era um sacrifício. As instalações eram péssimas. Quando chovia, inundava tudo, o jornal saía todo borrado. O jornal rodava em uma velha impressora de 1902, "um abacaxi que vivia quebrando à noite, tirando o sono da gente"[7].

O "diretor-geral" de "Notícias Populares" era Jean Mellé, romeno, casado em seu país com a filha de um banqueiro, tivera na Romênia um jornal "popular". Com a implantação do socialismo, Mellé foi preso, libertado depois da Segunda Guerra, veio para o Brasil, onde trabalhava na "Última Hora" como colunista. Mellé tinha "ambições de ter seu próprio jornal e buscando recursos para tal finalidade, saiu a campo e procurou Herbert Levy, encontrando-o exatamente em meio a sua preocupação e atuação contra o governo. Foi Mellé quem sugeriu a criação de 'Notícias Populares'. Foi Mellé quem lhe imprimiu a marca, traduzindo a concepção do grupo ligado a Levy na fórmula da mensagem de "Notícias Populares" [8].

Entre os jornalistas convidados para fazer parte do quadro de "Notícias Populares" se encontrava Cláudio Marques*. A tiragem inicial era tímida:

"O número um de 'Notícias Populares' saiu em 15 de outubro de 1963, com uma tiragem de 8 mil exemplares. Vendia inicialmente cerca de 3 mil; o resto ficava nas bancas em que isto era possível. Mas em pouco tempo o jornal 'pegou' e a tiragem começou a subir vertiginosamente"[9].

Nos primeiros números, segundo avaliação de Goldenstein, "Notícias Populares" é mais parecido a uma "Última Hora" com sinal político invertido e de padrão de qualidade mais baixo. É a Seleções de "Última Hora", ou seja, é uma versão condensada e mais pobre de "Última Hora"[10]. A autora nota que Mellé fez da manchete do jornal o seu carro-chefe. Baseava-se numa linguagem que remonta à virada do século em países capitalistas maduros, a Hearst nos Estados Unidos (...) Era a compra por impulso que a manchete promovia" [11].
E mais adiante:

"O exagero das manchetes e o conteúdo policialesco cada vez mais explícito de 'Notícias Populares' tornam-no muito próximo de um ramo

---

7. GOLDENSTEIN, Gisela T. *Do Jornalismo Político à Indústria Cultural.*Op. cit.
8. Idem, ibidem.
* Expulso do Sindicato dos Jornalistas por ter denunciado Wladimir Herzog e outros profissionais como os "comunistas infiltrados na TV Cultura". Herzog morreu sob tortura em 1974 no Doi-Codi, órgão repressivo da ditadura militar, período 1964/1985.
9. GOLDENSTEIN, Gisela T. *Do Jornalismo Político à Indústria Cultural.*Op. cit.
10. Idem, ibidem.
11. Idem, ibidem.

específico da indústria cultural que se desenvolveu mais quando esta ainda gatinhava nos países centrais: a imprensa amarela" [12].

Coincidentemente, (ou ironicamente) os jornais "Última Hora" e "Notícias Populares" acabariam nas mãos de um mesmo grupo, Frias-Caldeiras, da Folha da Manhã. "Notícias Populares" vinha dando prejuízo, o golpe militar suspendera as eleições e acabara com as aspirações políticas de Herbert Levy (que não mais sairia como candidato ao governo de São Paulo) e, em 1965, "a dupla Frias-Caldeiras comprou-o e o balanço deste mesmo ano já não apresenta prejuízos" [13].

"Uma grande visão de mercado" [14], analisa José Luiz Proença, que era secretário de Planejamento de "Notícias Populares", quando deu seu depoimento para este trabalho, em julho de 1991.

"A proposta da empresa era pegar o NP (jargão como o 'Notícias Populares' é conhecido entre os jornalistas) em uma situação ruim, recuperá-lo e trazer como um veículo que não faria frente à 'Folha' (de S. Paulo). Na época, havia jornais de prestígio e jornais populares. O NP e outros jornais da organização ajudaram a empresa a sustentar o vôo que a 'Folha' estava se preparando para alçar. Hoje, a empresa deixou o NP tomar rumo próprio" [15].

De 1971 a março de 1990, o editor de "Notícias Populares" foi Ibrahim Ramadam, "mas o Otavinho (Otávio Frias Filho, diretor de redação da 'Folha de S. Paulo' e filho de Otávio Frias, proprietário da empresa Folha da Manhã, quando foi feita esta pesquisa) discordou da linha do jornal que aparentava ser graficamente muito primário, muito feio, apesar de ter um público fixo e boa penetração" [16]. Em março de 1990, o jornal passa por uma intensa reformulação gráfica e de estilo. "Seguimos a linha do 'Sun' inglês e a proposta de diagramação do 'Bild'" [17]. Leão Serva assume a direção do NP de março a julho de 1990, passando o comando para Laura Capriglione, que "encaminhou o jornal para um filão mais sexual, com manchetes esculhambadas" [18].

Quando foi feita a entrevista com Proença, "Notícias Populares" tinha uma tiragem de 80 mil exemplares, circulava em São Paulo, Grande

---

12. GOLDENSTEIN, Gisela T. *Do Jornalismo Político à Indústria Cultural.* Op. cit.
13. Idem, ibidem.
14. Entrevista com o então secretário de Planejamento de Notícias Populares, José Luiz Proença, concedida ao autor.
15. Idem.
16. Idem.
17. Idem.
18. Idem.

São Paulo, Interior (SP), Minas, Brasília, Rio ("deve vender uns 2 mil nestas duas últimas cidades, mas não é consumo de influência")[19]. O jornal era dividido em três secretarias: Produção (Walter Novaes), Edição (Álvaro Pereira Filho) e Planejamento (Proença). O horário de fechamento era às 18 horas e a divisão das páginas assim estabelecida:

1 - capa	3 - (às vezes 2) Economia
2, 4 e 6 - Geral e Polícia	7,8 e 9 - Variedades
5 - Internacional	10, 11 e 12 - Esportes

A manchete, "chave do NP"[20], começava a ser discutida às 10 horas na reunião de pauta, "coordenada pelo Novaes (secretário de Produção) que discute o jornal que está sendo feito e o que vai ser feito". A capa "tem um pré-fechamento ao meio dia com fotos em cores e o fechamento para fotos em branco e preto é no final do dia"[21].

"Notícias Populares" passou por duas etapas de informatização. A primeira "veio junto com a 'Folha' em 1983, mas foi retirada pouco depois. A gente fechava no papel e mandava para os digitadores"[22]. A informatização foi definitivamente implantada em abril de 1990.

O público é "eclético"[23]. Está dividido, segundo Proença, pelas classes C,D e B e um público "flutuante", que é "garfado pela manchete"[24]. Sem assinantes e anunciantes significativos, "Notícias Populares" vive da venda avulsa. Proença considera isso jornalisticamente positivo:

> "O Jean Mellé dizia que o NP não deveria ter grande anunciante, nem assinantes. Com assinante, o departamento comercial passa a ser mais importante que a Redação. E o grande anunciante passa a ter influência sobre você (o jornalista).A venda com manchete é mais 'mordedoura', mais interessante, mais jornalística. 99% dos jornais japoneses e 90% dos jornais americanos são vendidos para assinantes. Jornalismo não pesa mais tanto. Pesa mais o marketing".
> "O noticiário apóia-se no tripé sensacionalista: sexo, crime e sobrenatural. Até hoje é usado, mas essas coisas sofreram mudanças. Crime violento ocorre todo dia em São Paulo. Não é mais manchete. Portanto, a regra do jornalismo sensacionalista foi rompida. Hoje, já se pode usar internacional, economia e política".

Ele destaca a importância que o jornal dá à linguagem:

---

19. Entrevista com o então secretário de Planejamento de Notícias Populares, José Luiz Proença, concedida ao autor.
20. Idem.
21. Idem.
22. Idem.
23. Idem.
24. Idem.

"Nós fazemos uma pesquisa empírica. Chamamos o contínuo, freqüentamos o boteco, conversamos com policiais. A linguagem é questão fundamental. O assunto pode ser o mesmo dos outros jornais, mas a nossa linguagem, não"[25].

Proença dá o exemplo da manchete: "Quis Pipa Levou Nabo", sobre um menino de 10 anos, que perdeu um papagaio (pipa) e acreditou na conversa de um homem que lhe disse que lhe arrumaria um novo. O menino foi, na realidade, seqüestrado, levado para um apartamento e estuprado. Proença diz que a visão de "Notícias Populares" não é a do sentimento comum de dó do menino, nem do estuprador, mas de um "terceiro observador", alguém "da periferia", que faria uma "narrativa gozadora e amenizaria a história, diria algo assim como: 'ô moleque, como você foi burro de acreditar no cara ?' "[26].

A busca de uma "estética mais popular", praticada na forma com "cadáveres mais coloridos, mais abertos" ("abertos" tem o sentido de foto ampliada com exagero), na linguagem "ousada" e nas manchetes "polêmicas", causou problemas de ordem jurídica para o jornal. A "gota d'água" teria sido a manchete "Maradona Bom de Bola e Ruim de Taco", que mostrava o jogador argentino de futebol Diego Maradona nu. "Um promotor da Vara de Menores achou que se estava violentando a família e entrou com um processo para obrigar o jornal a ser vendido envelopado"[27].

No primeiro semestre de 1991, "Notícias Populares" vinha sofrendo investidas da Justiça, que na falta de censura oficial (implantada no período da ditadura militar), fazia papel semelhante, obstruindo a linha editorial do jornal. O juiz da Infância e da Juventude da Vara Central da Comarca de São Paulo, Daniel Peçanha de Moraes Júnior, considerou que "Notícias Populares" era inadequado para menores de 18 anos e determinou que o jornal fosse comercializado em embalagem lacrada e com advertência de ser inadequado para menores de 18 anos de idade, "sempre que no conteúdo da publicação houver destaque para cenas de violência, sexo, ou emprego de expressões obscenas ou chulas, devendo utilizar-se de embalagem opaca quando o destaque vier contido na primeira página", atendendo apelo nesse sentido dos promotores Paulo Afonso Garrido de Paula, Luiz Antônio Orlando e Jurandir Norberto Marçura. Garrido de Paula e Norberto Marçura eram do Centro de Apoio Operacional da Promotoria de Justiça da Infância e da Juventude e Orlando, da Vara Central da Infância e da Juventude de São Paulo.

No dia 18 de maio de 1991, "Notícias Populares" publicava uma primeira página sem cadáveres, sem mulheres nuas, sem sensacionalismo.

---

25. Entrevista com o então secretário de Planejamento..., op. cit.
26. Idem.
27. Idem.

A manchete — "NP: Só Lê Quem Quer" — era uma resposta à decisão da Justiça. O editorial, que ocupava um terço da capa, fazia a defesa da livre expressão:

"Está inaugurada a era da censura de plástico. Uma liminar judicial, assinada anteontem, ordena que o NP seja vendido envelopado sempre que houver 'cenas de violência ou de sexo ou expressar-se por meio de termos obscenos ou chulos'. A decisão judicial atende pedido de três promotores de Justiça da Infância e da Juventude.

"Fora de sintonia com a realidade das ruas, o trio de promotores ignora que as palavras 'chulas' são usadas livremente pelo leitor popular. Recorremos a elas porque unem precisão e síntese — indispensáveis no jornalismo moderno.

"Os cadáveres que o jornal mostra — e que chocam olhos nostálgicos de um passado autoritário — são os mesmos em que você tropeça nas ruas abandonadas da cidade. Nossa atitude em relação à violência nunca foi de elogio, mas de denúncia.

"A medida contra nós, de tênue base legal, representa a volta da censura no que ela tem de mais revoltante — a suposição de que o leitor é um idiota carente da tutela de iluminados.

"Vender o NP lacrado ou dentro de um plástico fulmina a democracia, o espírito da imprensa popular. Atenta contra o direito que você tem de conferir a capa na banca para depois comprar o jornal.

"Você sabe que o país está caindo aos pedaços. Desemprego, recessão, violências e miséria dominam nossas vidas. Crianças passam fome, são fuziladas nas ruas. Estranhamente, não se sabe de nenhuma atitude dos inimigos do NP contra essa situação.

"Em meio ao caos, descobriu-se uma vítima fácil: o Notícias Populares. Será que somos tão perigosos, tão ofensivos assim? Nossas manchetes desregulam tanto a ordem social?(...)".

Na página 2, Notícias Populares trazia diversos depoimentos, condenando a atitude da Justiça e defendendo a liberdade de expressão. O então governador de São Paulo, Luiz Antonio Fleury Filho, considerava "lamentável" o "cercamento à liberdade de expressão". A então prefeita de São Paulo, Luiza Erundina, se dizia "uma defensora intransigente da liberdade de expressão" e repudiava "qualquer atitude que proíba um órgão de informação diário de ser exposto nas bancas de jornais".

Em seu despacho, o juiz Peçanha de Moraes Júnior esclarecia que sua decisão não se tratava de censura, "em boa hora proscrita pela Carta Magna", mas "de ação assegurada pela lei em consonância com os princípios constitucionais em defesa da criança e do adolescente", esclarecendo que "não se trata de impedir que o jornal prossiga na sua linha editorial atendendo ao anseio do seu público certo. Se é esta a sua opção, há que respeitar o que determina a lei, comercializando seus exemplares em embalagem própria, com advertência".

Os promotores, que haviam proposto a "ação civil pública com preceito cominatório de obrigação de fazer", pesquisaram o jornal "Notícias Populares" no período de 12 de outubro a 13 de dezembro de 1990.

Juntaram à petição 21 documentos para provar que o jornal continha "conteúdo impróprio ou inadequado a crianças e adolescentes, tendo em vista principalmente as manchetes recheadas de termos chulos, a linguagem grosseira e desrespeitosa com que são referidas pessoas, vítimas de crimes violentos, tais como estupro, homicídio e infanticídio, bem como as cenas violentas, retratadas nua e cruamente através de fotografias coloridas de cadáveres mutilados ou ensangüentados"[28].

O jornal recorreu, pedindo que o processo fosse arquivado, mas o juiz manteve a decisão. O jornal do Sindicato dos Jornalistas, "Unidade", noticiava a confirmação da sentença, em sua edição de setembro, e parecia apoiar a decisão da Justiça, trazendo o título opinativo:

"Caso NP: o povo é pobre mas não é imoral"[29].

"Unidade" publicava a opinião do relator do processo, Dino dos Santos Garcia, que atribuía à liberdade de expressão um "direito absoluto, mas não ilimitado". Qualificava o conteúdo de "Notícias Populares" como um "sal grosso da obscenidade", acrescido ao "caldo corrosivo da violência".

A reportagem da Unidade era finalizada desta maneira:

"A ofensa à dignidade e ao respeito do adolescente e da criança não integra o direito à liberdade de informação — completa o Tribunal — para quem o povo é carente, mas não desmoralizado, a ponto de se lhe atribuir 'linguagem marcada pela dissolução e licensiosidade'".

O litígio entre o jornal sensacionalista e os guardiões da moralidade e defensores da família de plantão não é recente. Em 1900, nos EUA, o reverendo Sheldon subia em seu púlpito para condenar a publicação de crimes pelos jornais. Sua insistência sobre o mesmo tema foi tanta que a direção do "Topeka Capital" o convidou para editar o jornal uma semana, "como se Cristo fosse o editor". Ele iniciou sua experiência em 13 de março de 1900, excluindo todos os detalhes de crimes do noticiário. Sheldon não tinha certeza de como "Cristo editaria um jornal", mas estava certo de que Jesus não aceitaria a "influência maligna" que alguns crimes relatados poderiam exercer sobre os leitores [30].

Na esteira dessa polêmica, o "New York World" saía com um editorial onde garantia que o jornalista pertencia ao "exército do Bem" e quando se denunciava as ações do "Exército do Mal" estava prestando, na realidade, um serviço da "mais alta importância", porque "o Exército do Bem precisa ter a mais completa, a mais acurada e a mais rápida informação sobre aquilo que o Exército do Mal andou aprontando". Quando o jornalis-

---

28. Jornal "Unidade", setembro de 1991.
29. Idem.
30. JONES, Robert W. *Journalism in the United States*. Estados Unidos, E. P. Dutton, 1947.

ta procedia de maneira diferente, ele era encarado como "um traidor da causa", um traidor que "ajuda e dá conforto ao inimigo" [31].

Quem já trabalhou em jornal sabe que as coisas não são tão simples assim, mas o raciocínio maniqueísta é válido quando serve de contra-argumento ao religioso, que vive atormentado por uma dualidade pendular. O exemplo do reverendo Sheldon demonstra que, em quase um século, determinado pensamento estereotipado quase não sofreu alteração. Há sempre algumas pessoas que acham que têm precedência sobre as outras e podem escolher por elas e pelas outras.

Um jornal é investido de signo, mantendo com seus leitores uma relação de identificação que é mais importante que o próprio noticiário, que a manchete, que este ou aquele articulista. A escolha de um jornal obedece ao reflexo do signo, segundo o qual o leitor quer se codificar. A "marca", o signo-logotipo, passa a ser a mensagem.

Ações inibitórias, repressivas, contra a linha editorial de um jornal só podem ser entendidas como extensões autoritárias e preconceituosas de representantes de um poder que pune por não compreender. A ação punitiva vem acompanhada pela prova da incompreensão. São mundos opostos que, em dado momento, se defrontam com assombro. É um choque de signicidades. Os promotores provam que pertencem a um outro mundo sígnico ao referirem-se a "manchetes recheadas de termos chulos", "linguagem grosseira e desrespeitosa", "fotografias coloridas de cadáveres mutilados ou ensangüentados". Como se verá no capítulo seguinte, o que os promotores mais condenam, é aquilo que mais agrada aos leitores.

O signo do logotipo "Notícias Populares" remete a uma linguagem, a um corte do real, com os quais o leitor se sente atraído e identificado. Os promotores se preocuparam em colecionar "21 documentos", conforme precisa o "Unidade", e não ouviram um único leitor de "Notícias Populares".

O pretexto da "defesa da criança e do adolescente" soa deslocado e até mesmo hipócrita em um país que, quando foi feita a ação contra "Notícias Populares" tinha 14 milhões de menores abandonados e milhares de crianças eram executadas por grupos de extermínio nas principais capitais do país. Se parece *obscena* (no sentido de "fora de cena") a linguagem sensacionalista, a linguagem dos promotores soa também *obscena*. Para quem não tem os ouvidos habituados ao arrazoado jurídico, referências a "preceito cominatório de obrigação de fazer", ou "linguagem marcada pela dissolução e licenciosidade", assemelham-se à linguagem desviante, gíria.

A "ação civil pública" procurou atingir a liberdade de expressão, inibindo a linha editorial de "Notícias Populares". Um jornal sensacionalista, posto à venda dentro de um saco, é o mesmo que um promotor se apresentar no tribunal com uma mordaça. A sobrevivência do jornal sensacionalista

---

31.JONES, Robert W. *Journalism in the United States.* Op. cit.

depende da manchete, do choque que esta causa no público. Apesar das restrições que podem ser feitas quanto à linguagem sensacionalista, cabe ao leitor optar ou não. É o leitor que deve "censurar" o jornal, comprando-o ou favorecendo o "encalhe" (jornal que não é vendido e sobra na banca).

O título do "Unidade", que aqui se considerou "opinativo", leva a crer que o jornal do Sindicato dos Jornalistas parece concordar com a sentença ao endossar a afirmação do relator do tribunal. É possível que a "indisposição" de "Unidade" em relação a "Notícias Populares" seja um sintoma indireto das relações sempre difíceis que existiam na época entre a empresa "Folha da Manhã" e o Sindicato dos Jornalistas. Só esse detalhe é que pode explicar a conivência do jornal do Sindicato com uma atitude frontalmente contrária à liberdade de expressão. Mesmo porque a reportagem do "Unidade" não ouviu todas as partes afetadas pela decisão, principalmente, aqueles que mais sentiriam de perto o alcance da medida: os leitores.

Feito este reparo, que dá bem uma idéia de como o jornal sensacionalista ainda consegue provocar emoções contraditórias, graças ao poder de sua linguagem, cabe repassar alguns momentos da origem de "Notícias Populares".

Como se viu no depoimento de Luiz Fernando Levy, "Notícias Populares" era uma peça de uma ampla engrenagem golpista, destinada a conturbar o governo de Jango Goulart, estratégia que acabou dando resultado, *em parte*, com o golpe de 1964. Em parte, porque como se viu, uma vez implantada a ditadura militar, os golpistas que pretendiam lucrar politicamente se deram mal. Os militares fecharam o Congresso, sindicatos, órgãos de representação populares; suspenderam as eleições; cassaram mandatos, direitos constitucionais, deixando algumas "viúvas", entre os quais, se pode citar Adhemar de Barros, Carlos Lacerda e o próprio Herbert Levy, entre tantos outros.

Consumado o golpe e encerrado o processo eleitoral, "Notícias Populares" perde sua finalidade como concorrente de "Última Hora" e veículo de apoio a uma possível candidatura de Herbert Levy ao governo paulista. Dívidas crescendo, estrutura industrial precária, "Notícias Populares" estava destinado a desaparecer de cena, quando foi adquirido pela dupla Frias-Caldeiras que já tinha parque industrial montado e consolidado e que poderia tornar o jornal rentável, o que realmente aconteceu já em 1965, conforme observa Goldenstein.

Há dois períodos distintos, então, na história de "Notícias Populares". O primeiro vai de sua criação, em 1963, até a venda para o grupo "Folha da Manhã". O segundo se prolongava até o momento em que esta pesquisa foi feita, em setembro/91. O primeiro momento é paradoxal. O jornal é político ao esvaziar o conteúdo político. Procura sua identidade em "Última Hora" e termina por encontrar um reflexo — pálido — na imprensa amarela de Hearst, sem a parte política, sem as campanhas sistemáticas que Hearst movia contra as companhias estatais, sem os grandes esforços de reportagens que marcaram o "World" e "Journal". O segundo ciclo vai sofrer poucas alterações pelo menos até março de 1990, quando "Notícias Populares" é submetido a uma remodelação plástica. Os textos se tornam mais "enxutos" (sintéticos), as fotos mais abertas e em cores e os títulos mais sensacionalistas. O conjunto dessas medidas dá resultado. Depois da "plástica", "Notícias Populares" é um jornal fácil de se ler e "bonito" na avaliação dos leitores entrevistados.

"Notícias Populares" é marcado por uma infra-estrutura modesta, que não sofreu modificações de relevo. Em agosto/91, trabalhavam no NP uma média de 40 pessoas, entre fotógrafos, diagramadores, repórteres e contínuos. Deve-se salientar que o jornal está ligado à estrutura do grupo "Folhas". Há reportagens da "Folha de S.Paulo", por exemplo, que às vezes são também aproveitadas pelo NP.

Em termos de mercado, "Notícias Populares" concorria com o "Diário Popular". "Os dois têm públicos distintos e também um público misto. O 'Diário Popular' tem uma mancha limpa, isto é, são leitores que só compram aquele jornal. O NP tem também uma mancha limpa, mas essas duas manchas acabam se misturando, dependendo da manchete. Quer dizer, há leitores que são mordidos pela manchete e, em um dia, podem comprar o NP e no outro o Diário Popular" [32].

Em nenhuma das duas fases de seu período de existência, "Notícias Populares" se caracterizou como um jornal de reportagens importantes, de grandes furos e prêmios importantes, tarefa que parece centralizada na "Folha de S. Paulo", o carro-chefe da empresa "Folha da Manhã". O acontecimento mais marcante da história do NP foi inventado, como se vê no capítulo "O Caso do Bebê-Diabo".

Desta forma, se tem um jornal identificado por um período inicial medíocre, precário, ocultando o papel pouco recomendável, comprometedor, de golpista e colaborador da ditadura militar. O período posterior, sob o controle da "Folha da Manhã", mantém o jornal numa atuação igualmente modesta e medíocre, com noticiário centralizado em crimes, sexo e sobrenatural.

Na contabilidade diária, que era feita em agosto/91, o balanço indicava uma média de encalhe de 10% para uma tiragem em torno de 80 mil exemplares. São valores tímidos que revelam como a capacidade aquisitiva das classes C e D (público predominante de "Notícias Populares") é baixa, comparada com os jornais populares dos EUA e Inglaterra que têm tiragens milionárias.

A mudança no comando, em março de 90, levou o NP a buscar novos caminhos, com a possibilidade de manchetes baseadas em política, econo-

---

32. PROENÇA, entrevista concedida, op.cit.

mia e internacional; mas que ainda representam muito pouco do contexto geral. Sexo e crimes dominam o noticiário e dividem a primeira página, conforme se verá no capítulo seguinte.

Qual é o interesse, então, que teria um jornal de origem pouco recomendável, percurso regular, encarado por alguns críticos como a escória do jornalismo?

O propósito deste trabalho é o de entender o sensacionalismo e como esse gênero de jornalismo é aplicado na imprensa diária. Nesse sentido, "Notícias "Populares" atende aos objetivos desta pesquisa por ser um jornal assumidamente sensacionalista. A relação não deve ser entendida aqui como se "Notícias Populares" fosse a variável predominante. A equação deve ser invertida se houver esse entendimento.

Em contrapartida, "Notícias Populares" não deve ser encarado como um jornal obsceno, imoral, pornográfico, escória, mas como um veículo estratégico, dirigido para um público específico, utilizando uma linguagem especial, codificada, que marca a diferença entre o informativo comum e o sensacionalista. Designá-lo como "imoral", "dissoluto", "licencioso" é incorrer em erro. A tendência sensacionalista é polarizante, marcada pela radicalização da linguagem-clichê. Trabalhar com o conceito "imoral" é uma atividade "escorregadia" quando aplicada a um veículo como "Notícias Populares", que chega a ser extremamente moralista, ultraconservador, em determinados momentos, conforme se verá adiante.

A análise que será desenvolvida no próximo capítulo foi baseada nas edições de "Notícias Populares" de agosto/90 (há duas edições 20/4/91 e 11/6/91, que foram incluídas na mostra). Fiz entrevistas com leitores do NP entre julho, agosto e setembro/91. De um total aproximado de 60 entrevistas, cheguei a uma escolha final de 20 depoimentos. Esse "corte" teve como intuito separar as entrevistas mais originais de outras que podem ser consideradas meramente repetitivas.

O leitor de "Notícias Populares" gosta do jornal por ser fácil de ler, ter fotos em cores e é atraído, principalmente, pela linguagem sensacionalista, que se estabelece a partir da manchete.

Os leitores se mostravam preocupados, na época, com a possibilidade do jornal ser censurado e não entendiam os critérios, nem os motivos da censura. A ação dos promotores era vista como um ato arbitrário, autoritário, uma ingerência mesmo no direito de opção dos consumidores.

A censura objetiva acabou não se realizando, de uma forma direta, mas obliquamente, na obrigação do jornal ser vendido dentro de um pacote plástico*.

Independente das atribuições que "Notícias Populares" e outros jornais sensacionalistas venham a sofrer no futuro, fica evidente, na con-

---

* O jornal recorreu e derrubou na Justiça essa forma de censura indireta.

versa com leitores, que as pessoas se sentem agredidas, violentadas no seu direito de opção, com ações que reduzam a liberdade de escolha.

O que mais me intrigou é que *nem um único leitor*, de todos os entrevistados, fez críticas quanto ao aspecto moral-imoral da linha editorial de "Notícias Populares". Apenas um entrevistado usou a palavra "imoral", mas num contexto isolado, qualificando desta forma a coluna "Tudo Sobre Sexo", que trazia em linguagem simplificada informações sobre doenças, tirava dúvidas dos leitores e tocava em assuntos-tabu da sexualidade, como coito anal, entre outros temas. Mesmo este entrevistado não considerava o jornal imoral, mas fazia questão de destacar aquela coluna específica. Todas as críticas nesse sentido, de que "Notícias Populares" seja "imoral", "licencioso", "obsceno" vêm de não-leitores, pessoas que não compram, não gostam e só "lêem" o NP de relance, quando o jornal está exposto na banca.

O que é curioso nessa questão de moral-imoral é que mesmo alguns editores do jornal consideram que fazem um produto "transgressivo", embora não confessem isso publicamente. Ou seja, o que os produtores imaginam estar fazendo não se relaciona com o outro lado da "linha" — os leitores — que não recebem o produto desta forma.

O processo de produção sensacionalista é ainda feito de forma instintiva e inconsciente. O termo instintivo aqui tem o sentido de ação não totalmente racionalizada pelo sujeito. O jornalista sabe como fazer para que a linguagem se torne sensacionalista, mas nem sempre tem plena consciência de todo o conjunto de mecanismos que correm por trás da cena principal. O sensacionalismo é mais importante pelo conteúdo significante (latente) do que sua revelação como significado. Usando o teatro como metáfora, pode-se dizer que no jornal sensacionalista o mais importante não está acontecendo no palco, mas nos bastidores, que é onde se desenrola a trama principal. No palco, sob as luzes estão os atores figurantes, substituídos continuamente. Os personagens principais não aparecem nunca. O público não os vê. Mas eles existem, estão atrás do cenário e o próximo capítulo vai tentar revirar o palco, tirando de cena os figurantes e jogando toda a luz sobre os protagonistas, ocultos e protegidos pela sombra dos bastidores.

2
ANÁLISE

1. NP: JORNAL SENSACIONALISTA

No material coletado, o *fait divers* domina as manchetes, cujo suporte é o triângulo sexo-crime-escândalo. Do ponto de vista jornalístico, o produto se mostra muito pobre. Não há reportagens especiais, nenhum "furo" nada que demonstre esforço de produção. O jornal parece ser produzido burocraticamente, acossado pelo horário de fechamento prematuro (18 horas) e pela equipe reduzida, que não permite o desenvolvimento de pautas especiais, investigativas e obrigam o jornal a limitar a cobertura diária. Mesmo essa cobertura fica prejudicada não só pelo fato da equipe ser modesta, como também pelo número limitado de páginas.

Com relação ao conteúdo, é possível pensar em termos de subdivisões. Há a "cascata" — a manchete/reportagem inventada, um trabalho ficcional, característica sempre presente no jornal sensacionalista — há também a pseudociência, na forma de reportagens de fundo científico e apresentação alegórica, algo semelhante ao produto final que é o samba-enredo de escola de samba, baseado em acontecimento histórico.

Os olimpianos estão em manchetes secundárias e servem como apoio para a manchete principal. Diferente dos tablóides ingleses, por exemplo, que têm fixação pelos olimpianos reais (reis, rainhas, príncipes) e do show-bizz, "Notícias Populares" despreza esse "filão" e prefere o *fait divers*, envolvendo o perverso anônimo. No mês pesquisado — agosto 90 — a política limitou-se a chamadas secundárias. No entanto, o jornal indica que quer buscar um novo rumo, visualizando também outros caminhos. Como exemplo será mostrada a manchete da edição de 11/6/91, sobre o então ministro do Trabalho, Antônio Rogério Magri.

Não há comparação entre o "Journal", de Hearst, e "Notícias Populares". Enquanto o primeiro revelava ambição, esforço e comprometimento de uma grande equipe na busca do "furo", o segundo é abusivamente modesto nas suas aspirações e no resultado aferido. Pela tiragem reduzida e a centralização no *fait divers*, o NP lembra mais os "canards" e as gazetas, produzidas no século passado na França. Há até manchetes semelhantes: "Uma mulher queimada viva por seus filhos" (manchete de um "canard"), enquanto que o NP mancheta: "Homem nu assado na fogueira". Se os "canards" falavam em "homens-peixe", "monstros", "dragões", "bestas", o NP noticia sucuris gigantes devoradoras de pescadores, saúvas comedoras de crianças e vampiros.

De todo o conjunto pesquisado, é possível traçar uma linha divisória, onde se notam manchetes *punitivas*, enquanto outras são *transgressoras*. Considera-se *punitivo* aquele conjunto (manchete-texto) que comprova uma disposição do meio em castigar o transgressor. O outro tipo "festeja" o comportamento desviante e se sente atraído pela transgressão do tabu, da ordem moral.

Esses elementos estão ligados a muitos outros, formando um emaranhado de raízes, cujo tronco comum é o sensacionalismo. Assim, por exemplo, uma mesma página pode ter componentes sadomasoquistas, homofóbicos, em relação nem sempre direta uns com os outros, associados ainda com tabus e práticas transgressivas. Uma página bem diversificada de "Notícias Populares" lembra um "fóssil" de recalques e pulsões.

"Notícias Populares" seria um jornal, ou trata-se de um produto indeterminado, híbrido de fábula popular e noticiário apelativo? É um jornal por ter aparência de jornal, ser lido como jornal e, supostamente, ter a obrigação de trazer as notícias do dia. Os leitores, no entanto, fazem críticas quanto à forma dispersiva com que o jornalismo é tratado por "Notícias Populares".

Miriam Franco Pereira, 24, técnica do Ibge, diz que "esse jornal não tem um pingo de informação do que está acontecendo no país". Juarez Batista, 30, mecânico, critica a publicação de "notícias antigas que a gente já leu em outros jornais", observando que o noticiário de futebol "é fraco". Outro leitor, José Luis Silva, 33, apontador, tinha uma reclamação curiosa: "'Notícias Populares'" oculta muito os crimes. A gente vê TV, ouve rádio e eles só dão 30% dos crimes que acontecem. Eu mesmo fui vítima de um assalto, minha mulher foi violentada e o que saiu no 'Notícias'? Nada. Nem uma linha".

As matérias fictícias, embora sejam vistas com desconfiança, denotam que a relação leitor — "Notícias Populares"— credibilidade está relegada a um plano secundário. O leitor do jornal sensacionalista não se preocupa com essa relação, fundamental no informativo comum. A credibilidade não é tão importante como a forma que essa notícia é narrada. A narrativa tem predominância sobre a veracidade. A relação que o jornal mantém com o leitor, quando conta uma história absurda, é de proximidade, familiaridade, parentesco, compadrio. O leitor intui que a matéria é falsa, o jornal sabe que edita uma "cascata", mas entre os dois se estabelece uma conivência, como se um compadre estivesse contando uma história de pescaria para outro, exagerando nos detalhes ou inventando a história toda. Enquanto um finge que acreditou, o outro faz-de-conta que contou a verdade.

Eutávio Jorge de Lima, 22, gerente de posto de gasolina, considera que "o jornal exagera, mas tem muita coisa que aconteceu mesmo". Roberto Dias de Araújo, 25, carteiro, diz que "eles (os jornalistas) inventam um pouco. Muitas das coisas que estão ali a gente sabe que são impossíveis de acontecer, mas tem coisas que a gente fica meio em dúvida. Às vezes, eles falam em animal de duas cabeças, essas coisas. É meio duvidoso. Mas a vida tem disso mesmo".

Com relação ao tratamento dado à política, os depoimentos são contraditórios. Há leitores que reclamam do espaço excessivo que a política tem no jornal, enquanto outros dizem justamente o contrário. "Esse jornal dá muita importância para a política, poderia dar menos e dar mais crime", afirma Ednaldo de Souza Reis, 21, agente de terminal rodoviário. Já o comerciante Júlio Peres, 54, queixa-se de que "o jornal (NP) deveria entrar mais na política. A maior criminalidade não é a da rua, mas a da política. Pena que o jornalismo não tem acesso e faz o leitor votar inocentemente. A imprensa tem um papel muito importante de esclarecimento".

Mas seria esse o papel que um leitor poderia esperar de "Notícias Populares"?

O leitor não identifica os jornais por gênero, mas pela linguagem editorial (que pode até englobar conteúdo ideológico). Ainda que reconheça "Notícias Populares" como um jornal voltado para o *fait divers*, o leitor do NP está insatisfeito e revela exigências que apontam para o fortalecimento do conteúdo jornalístico. Ou seja, o leitor apreciaria que seu jornal preferido, que ele indubitavelmente gosta de ler, tivesse mais matérias investigativas, especiais, "furos" e até mais "cascatas". Mas essa não era a linha de ação escolhida por "Notícias Populares". O NP reservava-se ao fato do dia, o *fait divers*, dando à notícia um tratamento sensacionalista.

Por que o NP é um jornal sensacionalista? Para aqueles que já leram "Notícias Populares", não há dúvida de que se trata de um jornal sensacionalista, mas vamos imaginar um leitor que não tenha a mínima idéia do assunto em pauta, vamos ainda acreditar que ele queira comparar "Notícias Populares" com o jornal de sua cidade para verificar se há afinidades sensacionalistas.

Retorno ao capítulo 1 da primeira parte deste trabalho, onde defino sensacionalismo como tornar sensacional um fato não necessariamente sensacional, utilizando-se para isso de um tom espalhafatoso/escandaloso. Por exemplo, a manchete da edição de 10 de agosto de 1990 ("chapéu") "Começa Campeonato do Sexo"; (manchete) "Eu Dou 40 Sem Tirar"; (subtítulo) "Garanhão Aceita Desafio". A reportagem, na página 12, indica (subtítulo) "Lançado o Primeiro Campeonato Brasileiro de Sacanagem" e (manchete da página) "O Craque do Sexo Dá 40 Bimbadas". A reportagem se refere a uma suposta competição entre atores de teatro de sexo explícito; um dos atores se diz detentor do título de maior número de relações sexuais por ano ("14.600"), enquanto outro reclama a originalidade de ter lançado o teatro de sexo explícito no Brasil, lembrando que em um filme erótico conseguiu "transar 36 vezes".

Na realidade, não se trata de um fato jornalístico. O pretenso "campeonato de sexo" é uma campanha publicitária, camuflada sob um discurso jornalístico, que só interessa às companhias teatrais dos dois atores-produtores envolvidos, para motivar o público de sexo explícito. Há superdimensionamento de alguma coisa que não é nem um fato jornalístico, nem uma ocorrência, e que transborda para o exercício ficcional. O texto da reportagem reforça a definição do estilo sensacionalista, impregnado por uma linguagem coloquial exagerada, com utilização de gíria e palavrões:

"No 'Campeonato de Sexo', Osvaldo Cirilo se diz imbatível. Os números provam: ele garante que dá 40 bimbadas por dia, o que corresponde a 1.200 por mês e 14.600 no ano. 'Faço um desafio a qualquer um que queira bater meu recorde. Eu sou o maior atleta sexual do Brasil'".

"Cirilão não está a fim de deixar barato. Competir é com ele mesmo. 'No cinema e no teatro erótico tem muita gente que fala muito e não faz nada. São todos uns frouxos, que broxam pra caramba e não admitem. Desafio o Oásis Minniti, que fica dizendo por aí que é bonzão, professor de sexo e outras coisas. Ele não consegue trepar. Tenho certeza que o seu 'negócio' não levanta mais. Oásis Minniti, você acabou! O desafio de 'Cirilão' não se dirige apenas a Oásis Minniti. 'Que venham Márcia Maranto, Válter Gaharron ou qualquer outro que queira levar uma lavada. Confio no meu taco que, aliás, nunca me deixou na mão".

A reportagem entrevista outros envolvidos na história. O desafiado, Oásis Minniti, diz que não tem que provar nada para ninguém e que não pode "aceitar essa baixaria". Confessa que "realmente broxou quando teve que transar com Márcia Ferro", porque "ela é muito feia". Um boxe da reportagem conta a vida de Osvaldo Cirilo, que "está envolvido com o sexo desde os 18 anos". Seu passado de prostituto é relembrado, quando o sexo "tomava conta das 24 horas de seu trabalho". A Aids "deu um basta" em sua atividade de prostituto. "Fiz exame e estou perfeito, graças a Deus". O texto menciona que ele "já saiu com muitas atrizes conhecidas e casais da alta sociedade". "Uma vez transei num corredor do Shopping Ibirapuera. Dei muita porrada em mulher que pedia para apanhar. Com muitos casais, o homem só se excitava vendo a esposa dando para mim". Outro boxe menciona que "Cirilo acredita que comeu mais de 3 mil mulheres e que já gozou perto de 8 mil vezes". Heterossexual, a única experiência com homem "aconteceu num filme". "Foi horrível. Deus fez as coisas certas. Não adianta, homem com homem não se encaixa".

Romântico, ele "gostaria de se apaixonar, encontrar alguém com quem pudesse dividir um cantinho, ter filhos, mas acho que isso é praticamente impossível. Qual a mulher que iria entender minha vida profissional?" O ator diz que "essa probabilidade está descartada" e que "hoje, amo Deus e minha mãe".

A edição se pretende escandalosa. A foto de abertura de página mostra o "campeão de sexo" nu, segurando seu pênis. Os títulos dos boxes — "Ele é Frouxo", "Oásis Minniti bota banca e manda Cirilo catar coquinho"; "Rei do Sexo Chama Márcia de Bagulho"; "Foi Xodó de Madames"; "Traçou mais de 3 mil mulheres" — não são convencionais e buscam impressionar os leitores mais pelo seu conteúdo pulsional do que pela notícia, que, como já se disse, não existe.

A reportagem é exageradamente coloquial, como se pode perceber na utilização da gíria e palavrões: "bimbadas", "broxam", "bonzão", "trepar", "lavada", "taco", "negócio", "pra caramba". Mas é também coloquial no tema: forma na qual se discute sexo, reproduzindo a superficialidade de uma conversa de botequim, onde Fulano se atribui esta e aquela qualidades, descartadas por Sicrano. Números abstratos aparecem a todo momento, de maneira quase obsessiva: "1.200 por mês", "14.600 por ano", "3 mil mulheres", "8 mil vezes". É sexo como atividade registrada, demarcada, em ritmo industrial. Sexo não prazeroso, mas produtivo, absorvido pela obsessão da competição e pela conquista de mercado. A transgressão, curiosamente, não aparece bem definida. É sexo pelo sexo, sem relação com a reprodução, logo, transgressivo, segundo uma definição religiosa-conservadora. Mas esse contorno não fica claro, porque não se trata de sexo como prazer e sim mostra competitiva, "atlética". O personagem, no lide, se identifica como "o maior atleta sexual do Brasil". A reportagem, publicada na página de Esportes, não relaciona sexo à luxúria, gozo, transgressão, mas a exercício físico, capacidade de resistência, lucro — onde o número de relações sexuais é o valor de troca.

A transgressão se insinua em algumas frases, "dei muita porrada em mulher que pedia para apanhar" (sadomasoquismo), "com muitos casais, o homem só se excitava vendo a esposa dando para mim" (voyeurismo, homossexualismo), prevalece, no entanto, o marcapasso moralista que determina o personagem como "atleta profissional" que, apesar do meio "degenerado", onde vive, se mostra romântico, com vontade de "encontrar alguém", ter "um cantinho", "filhos", que ama "Deus" e (edipiano declarado) "minha mãe".

Revendo o que foi dito até aqui neste exemplo: o sensacionalismo está presente na manchete duvidosa, que se mostra inadequada com o texto: "Começa Campeonato do Sexo", "Garanhão Aceita Desafio". Como se viu, não começou o campeonato de sexo, a afirmação do "atleta sexual" tem pouca credibilidade, "Eu Dou 40 Sem Tirar", e nenhum garanhão aceitou

101

qualquer desafio. O sensacionalismo está presente também na linguagem coloquial exagerada, na produção de noticiário que extrapola o real, no tratamento antianódino do fato, na "produção de uma nova notícia que a partir daí passa a se vender por si mesma" [1], "na exploração do vulgar"[2], "no destaque a elementos insignificantes (...) na valorização de conteúdos ou temáticas isoladas (...) e sem contextualização político-econômica-social-cultural" [3]. A mensagem é sensacionalista pela potencialidade de um ego transgressor, que quer dar vazão a um prazer total ("Eu Dou 40 sem Tirar"), mas que se submete à repressão do superego e assume um discurso onde o sexo passa a ter valor utilitário, de produção, atlético, que sufoca tendências perigosas (sadomasoquismo, voyeurismo, homossexualismo) em proveito de uma visão rigidamente conservadora: "Deus", "mãe", "filho", "cantinho", "encontrar alguém". É o sagrado atuando subversivamente no profano.

Em outros exemplos, os mesmos elementos de inadequação entre manchete e texto podem ser identificados, numa contradição que acaba provocando irritação e descrédito: "A manchete desse jornal (NP) distorce o fato. A gente pensa em uma coisa, vai ler e é outra", reclama uma leitora. Outros sublinham o caráter panfletário da manchete: "Passo na banca. Vejo uma notícia curiosa, eu compro"; "todos os jornais têm uma notícia principal (manchete), o NP escolhe a chacina"; "a maioria das vezes, eu compro por causa da manchete. Chama demais a atenção a forma como eles colocam, de uma forma agressiva, o crime bárbaro"; "A gente compra mais por curiosidade, por causa da manchete". Segundo Pedroso, a manchete sensacionalista "insinua, engana, trai" e cria "uma expectativa fantasiosa em torno de personagens anônimos", trazendo informações "atípicas, anômalas, pervertidas, desviadas daquilo que se entende comumente por informação nos jornais para as classes dominantes ou hegemônicas".

2. HOMONÍMIA

A manchete sensacionalista pode também trabalhar com a homonímia que assoma a uma celebridade, ou a uma característica mística, legendária, mórbida, ambígua. No material coletado aparece um homônimo de Jesus: "Jesus matou mulheres e estuprou filhinha". Exemplos extraídos de jornais franceses podem apontar outras particularidades: "Júlio César Morreu"; "Terceiro Suicídio na Família Felicidade"; "Deus a Perdoou"; "Senhorita Morte Queria Morrer por Amor". O Júlio César, em questão, tinha 84 anos, era pai de um industrial e, aparentemente, nenhum parentesco com o imperador romano. A família Felicidade era marcada por um sobrenome

---

1. MARCONDES FILHO, Ciro. *O Capital da Notícia*. Op. cit.
2. PEDROSO, Rosa Nívea. *A Produção do Discurso...*, op. cit.
3. Idem, ibidem.

que "incita ao desespero". Um de seus membros tinha se enforcado no sótão da casa, outro se suicidara com um tiro de revólver e uma outra Felicidade "morreu, recentemente, neurastênica". O Deus da manchete (André Dieu) fora envenenado por uma amante enciumada e a "senhorita Morte" (Germaine Mort) se atirara no Reno "por desespero do amor".

3. CASCATA

O jornal sensacionalista é identificado também pela "cascata" — a reportagem fictícia, inventada na redação ou baseada em algum relato de comprovação sempre improvável. "Notícias Populares" utiliza regularmente a "cascata", como se identifica em três manchetes e uma chamada no período pesquisado.

Em 15/8/90, a chamada alerta para o nascimento de um ...vampiro, em São Paulo. Em 24/8/90, começa o "ciclo da sucuri". O secretário de Planejamento, José Luiz Proença, conta que "apareceu um leitor vendendo uma foto de uma sucuri que teria engolido uma pessoa. Confiamos na história do sujeito e publicamos a foto".

A sucuri fica na capa por três edições; na primeira, o jornal informa que "Sucuri Engole Caipira"; a segunda, em 25/8/90, avisa que "Sucuri Esfomeada Devora Mais Um!", o subtítulo esclarece: "Criança Tinha Três Anos". O ciclo termina na edição de 27/8/90, quando "Caipira se Vinga e Come a Sucuri".

A primeira reportagem do "ciclo sucuri" é produzida com bastante cuidado de edição. Há uma "story-board" (ilustração como se fosse uma história em quadrinho), mostrando como o pescador foi apanhado e devorado pela cobra. Em um boxe, a bióloga Maria da Graça Salomão, do Instituto Butantã, dá um tom científico ao tema, alertando que "é possível uma sucuri comer um homem, mas isso nunca foi provado". O jornal informa o endereço do Instituto e diz que "lá tem uma exposição legal de cobras".

A reportagem é redigida também com cuidado, envolvendo o leitor com pormenores e detalhes que emprestam aquela "veracidade" que toda história de pescador costuma ostentar.

Manchete de página interna: "Cobra Gigante Janta Pescador"; Linha fina: "A sucuri se enrolou no corpo do homem e levou o coitado pro fundo da água escura do Araguaia".

Texto: "Uma cobra sucuri de 12 metros devorou um pescador de 1,82 metro e, de quebra, quase traçou os amigos dele. A cobrona triturou todos os ossos de José, lambuzou o pobre homem com sua baba e depois engoliu o pescador inteiro. Não é história da novela Pantanal. Aconteceu em Mato Grosso, na cidade de Barra do Garça. É o pessoal de lá que conta.

"José estava perto da margem do rio Araguaia, com seu bote, e jogou a rede para pescar. A cobra se enroscou e subiu no barco para dar o abraço assassino no coitado. José (era conhecido só por esse nome) gritou uma vez por ajuda.

"Três pescadores, que estavam por perto e contaram a história, ouviram seu grito de socorro. Quando olharam, a cobra enorme estava enrolada em volta do corpo de José, que era arrastado, sem fôlego, para as águas escuras do rio, tentando se livrar do laço vivo.

"Os homens remaram até o bote de José e pegaram seu revólver. 'Quando chegamos, a cobra já tinha ido para o fundo do rio. Depois, não deu para ouvir nada. Nem os gritos', contaram. Os homens disseram que passou muito tempo sem que nada acontecesse. 'Não sabíamos se José tinha conseguido se livrar. Ficamos por ali para tentar ajudar'.

"Eles esperavam encontrar o amigo com vida, mas o que apareceu foi a sucuri faminta, pronta para engolir mais um. Os pescadores acertaram um tiro na cabeça da danada e acabaram com a sua festa. Quando eles colocaram a cobra dentro do bote, viram que sua barriga tinha um volume enorme: o pescador devorado.

"Os amigos de José contam que a cobra ainda tentou fugir, mas como estava de barriga cheia, se deu mal. Eles dizem que a cobrona se contorceu nas águas até morrer. A sucuri foi colocada dentro de um caminhão com o pescador dentro dela. Ao chegar à Barra do Garça, os pescadores abriram o bucho da cobra e tiraram José de dentro para que ele pudesse ser enterrado como cristão".

Não há jornalismo nesse texto. Aqueles rudimentos básicos que um repórter utiliza para escrever uma reportagem não são empregados. Não há o *quem* da história, há apenas um José anônimo que pode ser qualquer um e ninguém; não há o quando, nem outras informações que atestem que o fato realmente aconteceu. Por exemplo: José chegou a ser identificado? Qual era o seu nome completo? Onde ele morava? Tinha família? Há quanto tempo ele era pescador? Houve casos semelhantes na região? O que aconteceu com a cobra? Onde José foi enterrado? Quem são os "amigos" de José? Como eles se chamam? Onde eles moram? Qual a ocupação deles: são pescadores profissionais ou pescavam por esporte?

Essas informações não aparecem, porque não se trata de jornalismo, mas de ficção, de conto popular. É um relato ficcional, uma crônica, onde o ambiente e o adjetivo têm preponderância sobre a informação. Sabe-se que "a cobrona triturou todos os ossos de José", "lambuzou o pobre homem com sua baba"; sabe-se que a sucuri deu "um abraço assassino no coitado", que José foi "arrastado, sem fôlego para as águas escuras do rio". Mas ninguém se lembra de dizer quando aconteceu. Os "amigos" da vítima não sabem seu nome completo e, por sua vez, os "amigos" também não são identificados. Esses pormenores retiram o fato do contexto jornalístico, endereçando-o à crônica. Embora não seja jornalismo, é vendido sensacionalmente como tal. O leitor é logrado, porque compra jornalismo, mas recebe em troca literatura popular, maquiada e vendida para se passar por jornalismo.

No entanto, é bom relembrar o que foi dito no início deste capítulo: o leitor do jornal sensacionalista é conivente com a "cascata" e parece não só aceitá-la, como também estimula a publicação, acrescentando novas versões. O jornal sensacionalista pertence a um gênero distante do informativo comum. Nessa "outra vida", que o jornal a sensação apresenta, a "cascata" tem sido sempre bem recebida. Um jornal sensacionalista que não publicasse matéria ficcional estaria desvirtuando e, apesar de todas as reservas que se possa ter, "empobrecendo" o gênero.

4. PSEUDOCIÊNCIA

As matérias de pseudociência foram manchete de primeira página em cinco edições. A temática, bastante diversificada, abordava, desde uma operação de glaucoma que um diretor de filmes de horror iria se submeter; uma prótese de silicone no pênis de um sambista; até mananciais contaminados pela deterioração de cadáveres; um menino que não crescia e um garoto que sofria de uma doença rara e tinha os genitais muito desenvolvidos.

Em 5/8/90, a manchete "Brincou com Exu e Perdeu o Olho" se referia, na realidade, a uma cirurgia que o produtor, diretor e ator de filmes de terror, José Mojica — o Zé do Caixão — iria se submeter. O texto, assinado por Henrique Matteucci, explicava por que ele seria operado:

"Zé do Caixão vai ter uma quarta-feira tenebrosa. Vai virar monstro, com um olho enorme, cheio de buracos misteriosos. E desta vez não é filme, ele vai entrar na faca: está com o olho esquerdo todo estropiado. O mesmo onde entrou um caco de vidro em 88".

"É a maldição da política", diz ele. "Uma maldição que começou em 1982, quando resolvi ser candidato a deputado federal. Uma mulher se atirou na frente do meu carro e eu estourei num poste. Desde então, foi só horror na minha vida".

"É curiosa a coincidência. Zé do Caixão sempre teve fixação por olhos. Em todos os seus filmes, os olhos entram nas cenas de medo".

"Agora, na vida real, ele vive o drama dos olhos. Está quase cego, com glaucoma e uma doença na pálpebra superior e, além disso, há muita secreção. Foi a dezenas de médicos e centros espíritas. E nada".

"Só agora o médico Ednei Grasciano do Nascimento desvendou o mistério e decretou: operação urgente. Ou cegueira total.

"A cirurgia será feita quarta-feira numa clínica do Ipiranga. E vai ser filmada, porque o Zé vai fazer um novo filme. 'O Olho Maldito' — que conta uma história tenebrosa. É sobre um homem com uma grande força mental, que quer chegar à morada de Deus. Só pode fazer isso através do olho de uma pessoa muito religiosa. Mas, por engano, ele entra no olho operado do Zé do Caixão".

Mais uma vez a manchete do jornal não tem relação com o texto. Em um estilo "enxuto", o repórter conta as peripécias do diretor de filmes de horror, dando à matéria um clima apropriado, ao mesmo tempo em que relata as razões da operação. O repórter prefere não entrar nos pormenores da cirurgia e da doença, optando por reforçar a imagem "sobrenatural" do cineasta, com emprego de palavras como "maldição", "secreção", "fixação", "buracos misteriosos". O impacto do último parágrafo lembra o estilo de uma crônica, sem, no entanto, abandonar a informação jornalística. Com utilização mínima de gíria e sem palavrões, o repórter consegue aliar linguagem coloquial, concisão, informação e clima de crônica, num exemplo interessante de reportagem pseudocientífica. E que só é sensacionalista pelo destaque que "Notícias Populares" deu ao fato e por certas concessões (de estilo) que o repórter se viu obrigado a fazer ao longo do texto.

Em outro exemplo, a sutileza perde para o excesso de coloquialismo. A manchete de página, "Zé Keti Volta a Dar no Couro", se refere ao implante de uma prótese de silicone que o sambista José Flores Jesus, conhecido como Zé Keti, se submeteu para curar impotência.

"Zé Keti está de pênis novo. Ou pelo menos muito bem recauchutado, a tal ponto que ele poderá transar quando bem entender, sem o menor problema", explicita o lide. A reportagem lembra que Zé Keti compôs sambas "inesquecíveis", como "Máscara Negra", e que ele tinha um "sério problema": "o pinto não ficava duro, porque as veias estavam entupidas, o sangue não passava direito e ele quase não podia transar". No boxe, sob uma "story-board", mostrando em quatro quadros como era feita a operação, o texto entrava em detalhes de como o implante se processava, "corte, limpeza dos corpos cavernosos (a parte esponjosa de dentro) e a colocação de hastes de silicone. Depois o fechamento. Em uma hora, tudo pronto". O repórter alertava para as "vantagens" da operação: "o macho com silicone desse tipo no pênis não precisa nem ficar excitado para transar. Pode até transar sem vontade mesmo".

Em 9/8/90, "Notícias Populares" decretava: "São Paulo Toma Suco de Cadáver"; subtítulo: "Gostinho Doce Engana Quem Bebe o Danado". O texto, publicado na página 4, era apropriadamente mórbido:

"Sua água de poço está docinha ? Cuidado, você pode estar tomando suco de defunto. Os cadáveres que apodrecem nos cemitérios superlotados de São Paulo envenenam a água dos poços das redondezas".

A reportagem era baseada nas informações de um geólogo da Universidade de São Paulo, esclarecendo que "um monte de doenças podem ser transmitidas pela água podre: hepatite, tétano, tifo e tuberculose estão na parada". Didático, o texto indicava que se a água do poço "estiver docinha e fedendo, aí é melhor não beber. O suco da morte se espalha por grandes regiões, porque se infiltra na água que passa por debaixo da terra. É essa água que se transforma em minas de água e abastece os poços das casas". No boxe, eram dadas algumas recomendações para quem fosse construir um cemitério: "Quando a água brota de uma cova com 1,10 metro de fundura é sinal que esse não é o melhor lugar para se enterrar um defunto. Principalmente, se a doença que o levou à morte foi grave. É melhor perder um pouco de tempo e tentar arrumar um local mais alto, se o cemitério tiver espaço".

Apesar de centrada em um estudo científico, a reportagem se perdia no alarmismo, no exagero e no sensacionalismo da informação, "a água da chuva vem e faz a festa. Mistura com suco de cadáver e vai matar a sede da vizinhança". Faltavam dados sobre o número de poços afetados; quantas famílias que moravam nas proximidades do cemitério utilizavam poços; não havia uma única entrevista com alguém que estivesse enfrentando o problema, nem a versão da Prefeitura e da companhia de abastecimento de água. No lugar de informações, o jornal acentuava as características macabras da notícia: "Um cadáver, depois de podre, deixa na terra mais ou menos 12 litros de suco de defunto".

As outras duas reportagens analisadas são muito semelhantes. As duas falavam de crianças que sofriam de desequilíbrio hormonal e eram suítes (continuação de reportagens publicadas anteriormente). Os meninos (um deles morava em Cubatão e o outro na Bahia) estavam fazendo tratamento.

"Menino E.T. Estica à Base de Porrada", era a manchete de 14/8/90, o texto indicando que o tratamento seria "na base da porrada. Porrada de remédios, que vão mexer com seus hormônios". Havia informação do nome da doença, "uma tal síndrome de Seckel" e sobre os hormônios que "controlam um monte de coisas no corpo humano. Por exemplo, o crescimento e o sexo. Quando os hormônios não funcionam legal, a pessoa precisa de uma dose extra". O menino media 58 centímetros e tinha sido apelidado pelo jornal de "E.T.", numa referência a um filme onde o personagem principal era um extraterrestre, pequeno e tendo uma cabeça desproporcional ao corpo.

A outra reportagem comparava o tamanho do pênis de um menino de 2 anos, com o do jogador de futebol, Diego Maradona. Anteriormente, "Notícias Populares" tinha publicado uma foto tirada em 1985 de Maradona nu. O jornal fazia diversas considerações pejorativas sobre o tamanho do pênis do atleta argentino. No caso do menino baiano, a manchete de página voltava ao tema: "Supermacho Desafia Maradona". O pretexto da matéria era humanitário. O jornal pedia, em nome da família, um medicamento especial, francês (Decopetil LP) que ajudaria a equilibrar os hormônios da criança. O remédio era importado e a família não tinha condições financeiras de prosseguir o tratamento.

Nessas cinco reportagens, identifica-se uma disposição do meio em informar e esclarecer o leitor sobre temas de caráter científico. Utiliza-se para isso de "story-board", boxes esmiuçando a informação e o texto procura a clareza, aliada à síntese. A intenção de "popularizar" a ciência é conturbada, no entanto, pela busca do sensacional que exagera no texto coloquial e no superdimensionamento da notícia. A reportagem destaca o paciente atribuindo-lhe um *status* de ser anormal, de "monstro", ao mesmo tempo em que procura "explicar" as causas da doença, responsável pela deficiência, ou deformação.

Nesse propósito, o jornal sensacionalista — como se viu nos exemplos tirados de "Notícias Populares" — se assemelha àqueles "circos de horror" que percorrem as periferias das grandes metrópoles, exibindo animais de duas cabeças, seis pés, gêmeos siameses, entre outras deformações congênitas, numa exploração da deformidade.

"Notícias Populares" — e todo jornal sensacionalista — destaca a deficiência, enquanto o deficiente é desrespeitado, apelidado ("E.T.", "Supermacho") e "elevado" à personagem central da edição do dia, com a complacência dos pais (ou responsáveis) que vêem nessa exposição humilhante a única forma possível de conseguir tratamento e chamar a atenção das autoridades e dos beneméritos de ocasião.

Apesar de explorar comercialmente a deficiência, "Notícias Populares" tem a seu favor a preocupação de ir um pouco mais além do "circo do horror" ao recolher a opinião de especialistas. Desta forma, a reportagem se fixa num equilíbrio, ainda que precário, entre o "mundo cão" e a esfera informativa. O que se tem como resultado final da matéria pseudocientífica é uma manchete que ridiculariza o deficiente ("Menino E.T. Estica à Base de Porrada"), seguida por um texto radicalmente coloquial que entremeia o fato científico, "uma tal síndrome de Seckel", com a questão humana da notícia, "o tratamento está saindo na faixa para o 'menino E.T.'. Ainda bem, pois sua família é muito pobre". Um resultado desigual, disforme — sensacionalista.

5. LINGUAGEM

No capítulo 4, da parte I deste trabalho, se mostrou que há uma linguagem neutra, objetiva, que permite um distanciamento, um não-envolvimento entre o público e a mensagem informativa. Essa linguagem foi chamada de *sígnica*. A outra, que rompe essa couraça protetora e provoca emoções no receptor, recebeu o nome de *clichê*. Mais: foi visto que mesmo um produto jornalístico neutro, *sígnico,* poderia, em seu percurso, ser "intoxicado" por características-*clichê*. Já o veículo, que tivesse optado por uma linguagem editorial sensacionalista, não poderia se articular numa *construção sígnica*, e que somente a utilização do clichê permitiria o envolvimento almejado. O sensacionalismo não só não admite alheamento, como também, no sentido oposto, busca romper a couraça protetora sígnica, que serve como "um mecanismo de defesa do ego"[4]. O sensacionalismo exige acesso ao inconsciente. Utiliza todos os recursos da linguagem disponíveis para a fusão do público com a história relatada. São emoções inconscientes recalcadas que são atingidas numa reação semelhante à de tocar um nervo exposto.

---

4. MARCONDES FILHO, Ciro. *Televisão: A Vida pelo Vídeo.* Op. cit.

Os leitores de "Notícias Populares" sabem que a linguagem de seu jornal difere dos outros informativos, alguns, inclusive, reconhecem que estão diante de uma linguagem sensacionalista. "O NP é mais gozação e sensacionalismo. A mulher de um amigo disse que ele se alimenta de sensacionalismo, porque além de ler este jornal (NP), assiste todos os dias 'Aqui e Agora' (telejornal sensacionalista)", analisa o pintor de parede, Oswaldo Zanganin, 53.

A maior parte, contudo, se refere mais à linguagem "visível", ao texto "enxuto", construído com frases curtas, vocabulário e construção primários. Visão compartilhada, inclusive, pelos responsáveis pela produção do jornal, como testemunha o secretário de Planejamento do NP: "A linguagem é nossa grande ferida. A forma como a gente diz todas as coisas de uma forma inteligível".

Uma leitora acentua que o NP "é fácil de ler, como se fosse leitura dinâmica", um leitor observa que "a forma como eles escrevem é como as pessoas falam". A maioria dos entrevistados, ao ser questionada se "Notícias Populares" é um jornal de leitura acessível ou complicada, responde imediatamente que "é muito fácil de ler", "dá para ler sem problemas", "a gente lê na hora", "dá pra ler depressa e emprestar para os outros", "não precisa ler muito para entender. Em quatro, cinco linhas, já dá pra saber tudo".

A linguagem simplificada do produto sensacionalista serve para fortalecer a fusão entre o ego e o objeto. A linguagem-clichê não se concretizaria se o texto se articulasse sobre enunciados de significação complexa. A empatia pretendida se perderia no vocabulário de acesso difícil e em formas de expressão que não corresponderiam ao "status semiótico" do público-alvo. Como exemplo, serão apresentados dois textos: o primeiro foi reescrito, segundo os padrões dos informativos comuns, com a inclusão de "dados" que não constam no texto original; já o segundo é uma transcrição de uma reportagem publicada na edição de 20/8/90 de NP, que saiu nesse dia com a manchete "Os Putos Matam Gozando".

Texto reescrito em linguagem informativa comum:
"Flávio Silva, 18, morreu de Aids, há três dias. Ele era prostituto e trabalhava no centro da cidade. Mantinha três relações sexuais por noite. Cobrava Cr\$ 2 mil. Era viciado em cocaína. Segundo a Secretaria da Saúde, 60% dos rapazes envolvidos com prostituição em São Paulo estão contaminados com algum tipo de doença, como Aids, sífilis, herpes, entre outros males venéreos.

"O número de 'garotos de aluguel' que se prostituem nas ruas de São Paulo é difícil de se precisar. De acordo com a Secretaria de Segurança, perto de 1.500 prostitutos ganham a vida entre a av. São Luis, ruas Sete de Abril, Largo do Arouche, rua Xavier de Toledo e praça Bráulio Gomes. Outros preferem o parque Trianon, na região da avenida Paulista, onde 'é mais fácil escapar da perseguição policial', dizem.

"Os prostitutos afirmam que seus clientes pertencem à classe média e classe média alta. Muitos dos que contratam os serviços de um prostituto são casados. Entre os clientes, haveria também mulheres e casais. "M.P.M. é mineiro, alto (1m82), atlético, dentição completa e bem-vestido. Antes de ser prostituto, era professor de musculação. Seu salário não era suficiente para pagar o aluguel. Passou então a freqüentar os pontos de prostituição masculinos e garante que hoje tem até dinheiro aplicado na poupança (alguns "garotos de aluguel" garantem que ganham até Cr$ 200 mil por mês). M.P.M. vive com um transsexual italiano que fez uma operação de mudança de sexo.

"Outro prostituto, E.C., 22, é casado e pai de uma menina de dois anos. Trabalhava em um hotel como mensageiro. Deixou o emprego atraído pela promessa de altos rendimentos como "garoto de aluguel". Depois de contrair uma doença venérea, E.C., passou a utilizar até dois preservativos. Quando o "movimento está fraco" em São Paulo, E.C. conta que viaja para o Rio, onde "faz ponto" na Galeria Alaska.

Texto publicado em "Notícias Populares":
Título: "Garotões Matam com Gozo"
Linha fina: "Os meninos comem e dão sem se importar com as pestes que pegam dos ricaços gays e das dondocas".
Texto: "Ricaços gays matam e enchem de peste os 'garotos prostitutos' que fazem ponto no centro de São Paulo. Flávio (18 anos), meninão boa-pinta, foi o último a morrer de Aids. Fazia três programas por noite, cobrava Cr$ 2 mil não escolhia a cara do freguês. Antes de perder a vida, viciou-se em cocaína.

"Muitos 'garotos de aluguel' estão com gonorréia, sífilis, cancro, herpes e Aids. Mesmo assim, não abandonam a av. São Luis, ruas Sete de Abril, Arouche e Xavier de Toledo, e praça Bráulio Gomes e D. José Gaspar. Outros preferem o Parque Trianon, na Paulista, onde é mais fácil escapar da perseguição policial. Nenhum dos 'garotos prostitutos' pensa em abandonar a profissão. Alguns chegam a ganhar Cr$ 200 mil cruzeiros por mês.

"Boa parte dos 'garotos de aluguel' tem , no mínimo, dez clientes fixos por semana. Geralmente milionários que já broxaram. Mas a maioria contrata os 'serviços' para vê-los transar com sua próprias mulheres. Isso acontece muito no Trianon.

"As mulheres que contratam os 'garotos prostitutos' são todas de meia idade, a maioria é casada e insatisfeita sexualmente. Gostam de ser penetradas e fazem questão de rapazes bem-dotados, mas não dispensam uma *chupetinha.*

"No Trianon, a 'caça' aos 'garotos prostitutos' começa às 8 horas da noite. Mas o auge do movimento é por volta das 2 da madrugada. Nos fins de semana, o número de 'garotos de aluguel' não consegue atender ao grande volume de ricações e dondocas que vão em busca de uma bela transada. Para transar com um casal, a taxa mínima é de 5 mil cruzeiros, por uma ou duas horas de trabalho. Na D. José Gaspar, um programinha simples varia de 3 a 5 mil cruzeiros.

Boxe:

Título: "Gente Fina na Transa Macabra"

Texto: "M.P.M. é mineiro, é o tipo do rapaz que toda mulher gostaria de levar para cama: boa-pinta, alto, atlético, dentes bonitos e limpo. Antes de virar 'garoto de aluguel', era professor de musculação. Como o que ganhava não dava para viver, passou a freqüentar a av. São Luis, porque chove ricaço gay querendo transar. Ele cobra 5 mil cruzeiros por programa. Já ganhou muita grana, que aplica na poupança. Vive com um travesti, que cortou o pinto como a Roberta Close.

"Entre os clientes de M.P.M., encontra-se de tudo: médicos, engenheiros, delegados de polícia, executivos e mulheres idosas. Ele jura que é ativo, mas outros 'garotos' do pedaço dizem que todos que fazem ponto ali transam tudo. Por dinheiro vale tudo".

"E.C. (22 anos) fatura Cr$ 120 mil por mês trepando com milionários broxas e mulheres insatisfeitas. É casado e pai de uma menina de 2 anos. Antes de virar prostituto, trabalhava de mensageiro em um hotel cinco estrelas. Só transa com duas camisinhas e garante já ter *comido* muitas estrelas de televisão, além de atores famosos. Cita até os nomes".

"Quando o movimento em São Paulo cai, E.C. pega o avião e aterrissa no Rio de Janeiro, onde garante ter muitos fregueses na Galeria Alaska.

"No fim da madrugada de sexta-feira, já relaxados e tristes pelo pequeno movimento, por causa do frio, todos dizem: transam tudo. Além de sexo, drogas também".

O texto informativo comum precisou ser "enxertado" com "informações", que não constam no texto original, extraído de "Notícias Populares". Por exemplo, o sobrenome e a data da morte do prostituto, vítima de Aids, assim como os números das secretarias da Saúde e da Segurança, além da doença de um dos entrevistados. Sem esses dados, a reportagem dificilmente seria publicada por um editor de um jornal não-sensacionalista. São essas informações que "esquentam" (atualizam) a matéria, de outra forma, não há notícia.

Como se percebe na leitura da reportagem, publicada por "Notícias Populares", não há "gancho" (o fato que justifica a reportagem). A matéria é meramente emocional e joga com informações que podem ou não ser verdadeiras, além de generalizar dados fundamentais. Mal-sucedido do ponto de vista da informação jornalística, não há dúvida de que o texto de "Notícias Populares" consegue prender a atenção do leitor.

As duas linguagens são coloquiais. Mas há uma diferença fundamental entre elas: o texto sensacionalista rompe a couraça do ego e consegue acesso ao id, incorporando o sujeito com o objeto. O sujeito não fica indiferente à leitura de um texto em linguagem-clichê, repleto de fantasias que foram "ex-comunicadas".

A agressividade pontua o texto, desde a manchete, "Garotões Matam com Gozo", segue ainda pelo lide, onde ocorre uma curiosa inversão de sujeito, "ricaços gays matam e enchem de peste os 'garotos prostitutos' ", corre também pelo texto "caça", "penetradas", "cortou o pinto", "comido", num conjunto freudiano, onde o sexo, destruição e morte aparecem inequivocadamente unidos, entrelaçados. O cenário, no qual se desenrola a reportagem, é perverso. Há uma inegável profusão de fantasias sexuais: edipianas, genitais, orais, anais, num texto onde o sadismo se mostra como a tendência mais incisiva — como prazer condicionado à morte. A exemplo daquele texto anterior, sobre o "atleta sexual", mais uma vez aparece a fantasia voyeurista (clientes que contratam os 'garotos de aluguel' para vê-los "transar com suas próprias mulheres") que oculta igualmente um fantasma (a mulher realiza o desejo recalcado, homossexual, do homem). Entre o princípio de prazer e o de realidade, o texto tem a tendência de pender para o primeiro. Ainda que se inicie em plena "apoteose" do real (morte e destruição do transgressor), o tom vai ser alterado no decorrer das linhas até o prazer se tornar peça dominante. Passa-se a um mundo de ganhos invejáveis, mulheres ricas, ansiosas em pagar para obter sexo, transgressões divertidas, "belas transadas". O boxe não traz prostitutos contaminados por doenças venéreas comuns e Aids, mas mostra "profissionais" satisfeitos, bem-remunerados, que acertaram ao trocar de atividade. São pessoas bem-vestidas, bem-tratadas, jovens, que viajam para outros Estados. O real reaparece nas últimas linhas na forma de "frio" e "drogas" — mesmo que pareça contraditório pensar droga como componente do real. É que a matéria se fecha numa referência ao lide, onde um prostituto viciado em cocaína morreu com Aids. A virilidade dos prostitutos é o contraponto à impotência dos clientes. Virilidade, novamente, como moeda, valor de troca, "capital de giro", peça ativa e valorizada.

A linguagem é clichê por "transportar" o leitor, colocando-o no lugar do "garoto de aluguel". Por procuração, o leitor revive fantasias inconscientes de dominação e poder. O receptor processa a introjeção da mensagem de forma que esta lhe dê uma "participação" subjetiva. Ele "sente" o prazer de conquistar sexualmente uma mulher (ou um homem) de uma classe social, em relação à qual ele se percebe dominado. Ele é ativo, viril, enquanto que os outros — os ricos — são impotentes, ou no caso das mulheres, insatisfeitas sexualmente. Pode haver uma fantasia de "luta de classes" que o texto parece querer imprimir, mas há dúvidas quanto a sua eficiência. O sonho do dominado de ascensão social se processa quase sempre sob a sombra do mito de Cinderela. Nesse caso, a dominação projetada é a da sedução do corpo viril, do corpo desejável, valorizado. O corpo aparece como "bilhete" de acesso à classe dominante. Embora o texto tenha a pretensão de "revanche", a transferência se executa sob a sombra do sapato fetiche de Cinderela — travestida, é verdade, mas sempre eficaz.

Algumas matérias, sem o tratamento da linguagem-clichê, renderiam quatro ou cinco linhas. A escassez de informação, entretanto, estimula a imaginação do repórter que libera suas fantasias e "enriquece" o texto com observações chocantes, retiradas da fornalha quente do recalque.

Um outro caso de linguagem-clichê. Por exemplo: o repórter tem uma ocorrência — uma mulher, Maria Aparecida da Costa, 20, foi morta com um tiro na cabeça, às 22h40 min, de segunda-feira. O crime aconteceu no barraco da vítima, rua Diadema, 340, Vila Menck, zona Norte de Osasco, Grande São Paulo. A vítima foi levada ao Hospital Regional de Osasco. O irmão dela, Wailton Rodrigues Guimarães, disse aos policiais que ela costumava receber a visita de um homem. Testemunhas ouviram disparos de arma de fogo e viram um desconhecido deixando o barraco, correndo. A polícia encontrou sinais de esperma na vagina da vítima.

São essas as informações. É impossível, por melhor que seja o redator, extrair daí mais do que cinco ou seis linhas — a menos que se enverede pelo terreno da ficção. Como informação, a coleta é pobre. Faltam entrevistas com vizinhos, faltam dados sobre a vida da vítima, o depoimento do irmão é vago e nem um pouco esclarecedor. O leitor se pergunta: quem matou Maria? Por que ela morreu? Quem era o homem que saiu correndo do barraco? Quem era Maria? O que fazia?

A polícia não tinha essas respostas. "Notícias Populares" se adiantou às investigações e respondeu às indagações, como se nota nesta reportagem publicada em 29/8/90, com a chamada de página: "Morreu cheia de esperma", subtítulo: "Morenaça Levou Balaço Bem na Hora do Orgasmo".

Manchete de página: "Bala Parou o Gozo do Mulherão"

Linha Fina: "Executada pelo Amante na Hora da Transa"

Texto: Maria Aparecida da Costa (20 anos) morreu com um tiro na cabeça na hora em que estava gozando. Ela era um mulherão. Estava nua em cima da cama do barraco 340, da rua Diadema, Vila Menck, zona Norte de Osasco. Havia esperma em sua vagina.

"Maria teria morrido às 22h40 min, de segunda-feira. Seus vizinhos ouviram disparos de arma de fogo e viram um desconhecido deixar o barraco correndo. A polícia foi chamada e levaram Aparecida ainda com vida, ao Hospital Regional de Osasco, onde ela morreu minutos depois.

"Wailton Rodrigues Guimarães, irmão da vítima, disse ao delegado Gilberto de Castro e aos agentes Pacheco, Paulinho, Márcia e Gilberto, que Maria Aparecida costumava receber um homem em seu barraco, onde transava com ele.

"Os policiais acreditam que Maria Aparecida morreu porque seu parceiro broxou na hora de repetir a dose. Como a moça teria bronqueado, levou um tiro na cabeça à queima-roupa. Os investigadores estão ouvindo todos os vizinhos da moça, para descobrir nomes de homens que freqüentavam seu barraco.

"Até ontem à tarde não se sabia se Maria Aparecida da Costa era ou não prostituta. Entre hoje e amanhã, os policiais pretendem descobrir a ficha completa dela e também de seus parceiros de transa. Outro detalhe que intriga os investigadores da equipe "D" de Homicídios de Osasco é o fato de os familiares de Maria Aparecida terem sumido, de repente, do local do crime".

O jornal afirma que o amante da vítima é o criminoso e dá como motivo a insatisfação sexual da mulher. É o jornal que assume essas informações, porque a menção de que "os policiais acreditam" é tão sem propósito que sugere humor negro. "Os policiais acreditam" baseados em quê? O leitor também fica sem saber se Maria Aparecida "morreu com um tiro na cabeça na hora que estava gozando", ou "minutos depois", no Hospital Regional de Osasco.

Há o descompasso entre a informação concreta e a reportagem tal como foi publicada. O texto tem um caráter punitivo: a mulher morreu, porque estava gozando. Não há o fato. Nem o repórter, nem o editor, nem a polícia, nem uma testemunha estavam lá. Somente o criminoso poderia dizer que Maria Aparecida morreu "gozando".

Como a proposta deste trabalho não é realizar uma atividade detetivesca, mas compreender o sensacionalismo, supõe-se que o repórter não seja o criminoso. Portanto, ele deve ter inventado todas as informações que não estão baseadas em fatos. Ou então, um dos policiais é suspeito, porque somente alguém que estivesse no local poderia dizer que os dois amantes discutiram e Maria foi morta por reclamar da impotência do parceiro.

Há dados incontestáveis: a mulher estava agonizando na cama, com um tiro na cabeça, tinha esperma na vagina. Todas as demais ilações são fruto da imaginação do repórter. O texto pune a mulher, talvez por ela ser mulher, por estar nua e ter mantido relação sexual (alguém supôs que ela pudesse ter sido vítima de estupro?). O texto pune a mulher insatisfeita que exige prazer. O revólver entra como termo de compensação, de peso equivalente ao falo. O aparecimento de possíveis "parceiros" é mais um motivo para ela ser punida.

São muitos os fantasmas que rondam o texto. Por trás da construção primária, a reportagem demonstra complexidade. O protagonista não é Maria Aparecida da Costa, que morreu com um tiro na cabeça. Ela é figurante de uma cena, onde o personagem principal é um fantasma que teme a sexualidade, que teme a impotência (a castração?) e que busca uma punição por sua "consciência de culpabilidade". É um texto escrito sob encomenda do superego que o ego cumpriu passivamente, não sem um olhar invejoso e misógino, em direção ao figurante, olhar que ocultaria um desejo de ser tratado como objeto de prazer?

Quando se trata de política, "Notícias Populares" não altera a linguagem, como se pode verificar neste exemplo: Magri Mama, Rasteja e Fica", manchete de 11/6/91. Ao contrário, o jornal se torna extremamente opinativo, parcial e coloquial. A manchete de página interna é panfletária: "Marajagri Fica no Ministério do Trabalho"; olho: "Absurdo! Depois de receber salário duplo e cair na gandaia na Suíça, com o nosso dinheiro, Magri não pede demissão. E o presidente Collor de Mello ainda tem a coragem de manter o cara como ministro. Quando é que ele vai cair?".

A reportagem se refere a um dos turbulentos casos, envolvendo o então ministro do Trabalho, Antônio Rogério Magri. O ministro recebia salário duplo como ministro e como eletricitário. Mais tarde, ao participar de uma conferência em Genebra (Suíça) abandonou os trabalhos para passear pela cidade com duas mulheres, "vestidas sumariamente", segundo descrição da imprensa.

A manchete "Marajagri" aglutina o termo "marajá", que caracteriza o funcionário público coberto de regalias, com parte do nome do ministro. O jornal se reveste de uma postura indignada, inconformista, que reflete o ânimo momentâneo da opinião pública. Fora o aspecto mercantilista da abordagem, provocada talvez pela falta de um *fait divers* atrativo, o jornal demonstra em sua manchete, um aspecto que mesmo o crítico mais renitente será obrigado a fazer uma concessão e concordar que até a linguagem sensacionalista pode ter momentos positivos. A manchete, de inspiração sadomasoquista, retratou exatamente aquilo que as pessoas, insatisfeitas com a postura do ministro, gostariam de ter dito em praça pública. A publicação de termos ambivalentes como "mama", "rasteja", refletem a relação do personagem Magri com o poder, relação carregada de investimento libidinal. Magri "mama", porque o cargo se revela uma sinecura privilegiada, porque o Ministério, o governo, se apresenta como uma "mãe-de-leite" generosa, doadora. O ministro aparece numa postura infantil, edipiana, precisando enfrentar a autoridade paterna. O ministro criança quer preservar a relação incestuosa (a sinecura) e ao mesmo tempo não deseja perder o amor do presidente-pai.

"O masoquista diante do perigo de tudo perder consente em sacrificar uma parte para salvar o resto" [5].

Assim, o ministro se submete ao "espancamento" público (críticas de parlamentares, entidades sindicais, meios de comunicação), para evitar a "castração" (a perda do cargo) e assegurar o investimento libidinal, que é o poder, ou tudo aquilo que o poder representa como material recalcado. Magri "rasteja", pede desculpas, porque é uma "criança" arrependida, pedindo perdão a um educador autoritário.

A linguagem-clichê provoca uma fusão imediata entre o ego e o objeto. O leitor, mesmo que não se interesse por política, compreende o duplo sentido de termos como "mama", "rasteja" e até mesmo "fica". O acesso ao

---

5. NACHT, S. *Le Masochisme*. Paris, Dencel, 1938.

id é instantâneo, rompendo a couraça sígnica. O leitor, diante do jornal, não está se defrontando com um simples noticiário, algo objetivo como "Magri se justifica e permanece no cargo", mas tem a sua frente fantasias orais e edipianas, nervos expostos que a linguagem sensacionalista sabe como atingir. Dessa maneira, mesmo um personagem histórico, um ministro, se torna figurante para o jornal sensacionalista, que remete a ação, mais uma vez, para a trama principal que se desenrola oculta nos bastidores.

6. MORTE

A morte relatada pelo jornal sensacionalista é diferente da morte comum, essa que envolve sofrimento, saudades, choque, traumatismo, dor, angústia, separação. A morte no jornal a sensação é perturbadora, porque a imagem do cadáver impressiona, mas ao mesmo tempo atua no sentido inverso: "mata" o outro e "preserva" o leitor. A morte não só é "saboreada como espetáculo", mas aparece como ato simbólico que garante a integridade do observador.

Há várias mortes no jornal sensacionalista: morte "punitiva", "cômica", "pitoresca", "sádica", "casual". Nenhuma delas se relaciona com a morte dos filmes e seriados de TV, que é esvaziada pela linguagem sígnica. A morte, representada nos seriados, passa por um processo de pasteurização que elimina todo o impacto traumático. A morte dos filmes de TV é "digestiva", descaracterizada, anódina.

No jornal a sensação, a morte é apresentada em linguagem-clichê, obedecendo a algumas variações. Pode ser "punitiva", como na reportagem "Morreu Cheia de Esperma" e "pitoresca", a exemplo do ciclo sucuri.

A morte "casual" demonstra um esforço de texto , uma tentativa forçada de fugir ao noticiário informativo comum, nem sempre bem-sucedida. É o caso da reportagem "Homem Nu Assado na Fogueira":

Texto: "Um homem nu virou churrasco no meio da rua em Pinheiros. Ele foi assado em uma fogueira, nesta madrugada, na calçada da av. Professor Fonseca Rodrigues, em frente ao Parque Villa Lobos. Junto ao cadáver, talvez seu melhor amigo, um cãozinho vira-lata teve o mesmo fim".

Com poucas alterações, esse texto poderia ser utilizado por um veículo não-sensacionalista, bastando eliminar as conotações canibalescas da reportagem. Há pouca gíria, nenhum termo obsceno e o máximo de informação.

"Rota Frita o Bandidão": "A rota fritou um bandidão na rua Teodoro Sampaio, perto do Largo de Pinheiros. Ele e dois comparsas assaltaram uma mulher, enfrentou os PMs a bala e dançou". O jornal emprega aqui a gíria para se distinguir do informativo comum. O conteúdo é precário (não se sabe quem é o "bandidão") e somente o coloquialismo exagerado permite a aproximação com o "status semiótico" alvo. O tratamento dado à morte "casual" é quase sígnico, denotando uma tentativa forçada de lhe atribuir características-clichê.

A morte "sádica" revela uma complexidade maior. O texto tem uma tendência de flagelar, causar dor. Difere do texto "punitivo", porque a violência do superego sádico não é deslocada somente sobre o objeto (como acontece no exemplo "Morreu Cheia de Esperma"), mas remonta ao sujeito, ao leitor, numa incorporação radical com o objeto.

Título: "Aids não perdoa inocentes"

Linha Fina: "As crianças não pediram para nascer, mas estão condenadas a uma morte horrível, por causa dos pais"

Texto: "Trezentas crianças pegaram Aids em São Paulo quando ainda cresciam na barriga da mãe. A informação está em um relatório dramático do Centro de Referência e Treinamento em Aids, obtido ontem pelo 'Notícias Populares'. Elas têm a danada e passam para o filhinho inocente. Ainda tem coisa pior: os números mostram que meninos e meninas de dez anos já pegam Aids por conta própria: 'É terrível, mas há crianças com menos de dez anos se picando', afirmou o médico Paulo Teixeira, do Centro de Referência.

"O médico Caio Rosenthal, do Hospital Emílio Ribas, descreveu uma criança que nasce com o vírus: 'Normalmente se detecta o vírus depois de 15 meses', explicou. Mas a doença pode ser rápida e fulminante. 'Nesse caso, o bebê vai apresentar diarréia constante, inflamação no ouvido e na garganta e sua pele será infestada por muitas infecções', disse Caio. A criança não ganha peso. 'Fica mais magra que as crianças subnutridas'. E o pior, avisou o médico, não crescem. Definham até morrer.

"O vírus da Aids é como capeta. Castiga a mãe que se pica nas veias e mostra para ela, em todas as cores, seu filho estrebuchando durante meses, morrendo aos poucos com a doença. 'De cada duas crianças com Aids em São Paulo, uma pegou o vírus da mãe', informou Paulo Teixeira.

"A mulher pode contrair o vírus transando com homens que já estão bichados. De novo o capeta da Aids não vai perdoar. Ela, seu parceiro e seu filho vão morrer mesmo. É a praga do século que pega todos pela veia ou pelo meio das pernas. Numa suruba mortal, o vírus vai levar seus novos parceiros para o túmulo. 'O fato de ser uma doença incurável e mortal mobiliza no indivíduo o medo da impossibilidade de retorno', disse o médico Paulo Teixeira".

"Segundo o relatório, de cada dez aidéticos, seis pegaram o vírus pelo sexo. De cada dez homens com Aids, quatro eram bichas e 15 eram gilete. Mas, recentemente, de cada cem aidéticos, nove pegaram a doença em transa normal. O Ministério da Saúde prevê em 500 mil o número de pessoas infectadas nos próximos anos".

A manchete de capa acusa: "Suruba de Aidético Dá Nisso". É ilustrada com fotos, extraídas da revista porno-escatológica americana "Hustler", onde se vêem dois recém-nascidos, vítimas da Aids. A manchete, naturalmente, não tem relação com o texto, assinalando, todavia, o caráter moralista da publicação. Manchete, foto e reportagens foram reunidos para informar que a Aids pode infectar todas as pessoas, inclusive recém-nascidos. A manchete se refere a ela mesma, uma vez que a ilustração traz crianças aidéticas, mas em outro contexto, porque foram extraídas de uma outra publicação. A reportagem informa que 300 crianças nasceram contaminadas pelo vírus da Aids. Apesar de trazer alguns dados contraditórios, "de cada dez homens com Aids, quatro eram bichas e 15 eram gilete" (ato falho?), de transformar o vírus da Aids em "parceiro" metafóricos da relação sexual, e de não fazer referência a métodos preventivos — uso de seringas descartáveis, preservativos e redução de parceiros sexuais — o repórter expôs em linguagem clara quais são os riscos de se contrair a doença. A reportagem é dramática, alarmista, porque toda a epidemia assim o é.

O que chama mais a atenção na reportagem não são as informações, mas o tom que predomina no texto, um tom sádico, que lembra um discurso messiânico anunciando o final dos tempos: "O capeta da Aids não vai perdoar. Ela, seu parceiro e seu filho vão morrer mesmo. É a praga do século que pega a todos pela veia ou pelo meio das pernas". O "capeta", que não perdoa os pecadores, "castiga a mãe que se pica nas veias". O "capeta" reserva um destino trágico para a mãe "pecadora": "mostra para ela, em todas as cores, seu filho estrebuchando durante meses, morrendo aos poucos com a doença".

O tom irado, implacável, transforma as palavras em instrumento de flagelação, castigando as pulsões transgressoras. O jornal não deve ser visto aqui como um simples meio de informação. Essa protofunção não tem equivalente com esse último exemplo. A reportagem parece insatisfeita com sua situação meramente informativa e extrapola suas funções. O jornal, através do conjunto manchete-foto-reportagem, incorpora a postura de alguém que quer punir, a postura sádica de um superego acessório, socializado. O leitor, como ego-alvo, pode agir como uma criança, diante de um pai severo e se sentir punido, por procuração. Pode haver também uma enérgica reação contra suas pulsões no recalque de desejos e na busca de uma identificação com o superego à procura de proteção e salvação. Essa conduta é a mais freqüente durante as epidemias e reforça o atributo da religião e das posturas morais, conservadoras — normalmente "relaxadas" nos intervalos não-epidêmicos.

Por outro lado, a morte "cômica" procura "afrouxar" a vigilância do superego e tem a intenção de descontrair o leitor. O *fait divers* é narrado obedecendo ao estilo de uma crônica humorística. A linguagem-clichê provoca uma descarga de satisfação no leitor, que vai rir e se divertir com o texto.

A técnica que o jornal sensacionalista utiliza para tornar a morte "cômica" é semelhante à da piada. Freud explica que a piada é engraçada porque representa uma descarga de "economia psíquica". Quanto maior for a "economia psíquica" mais divertida será a piada. Freud distingue a piada ingênua da tendenciosa. A piada ingênua supera o juízo crítico, a razão e faz a pessoa voltar a ser criança novamente, graças à utilização de recursos lingüísticos (aglutinações) e palavras utilizadas fora de sentido, lembrando a aprendizagem da linguagem na infância. E ainda situações absurdas. A piada tendenciosa desbloqueia um conteúdo reprimido, que pode ser até de natureza sexual. O caminho escolhido pelo jornal sensacionalista para fazer as pessoas rirem da morte é o da caricatura, a busca da situação ridícula.

Em "O Chiste e sua Relação com o Inconsciente", Freud escreve que essa técnica de imitar, disfarçar, caricaturar, parodiar e colocar a pessoa que está se tratando em uma situação cômica — está a serviço de "tendências hostis e agressivas" e visa retirar da pessoa "toda a autoridade, dignidade", "consideração" e "respeito".

. No caso de "Notícias Populares", isso se faz com o cadáver, como se observa na edição de 2/8/90, que ganhou a manchete: "Broxa Torra o Pênis na Tomada". A reportagem, publicada na página 6, descrevia como um comerciante tinha se suicidado em Jaú. A "story-board" (com seis quadros) mostrava toda a seqüência do suicídio e encerrava com a legenda: "A cena era tão estranha que foi difícil para a polícia parar de rir".

Título: "Ligou o Sexo na Tomada e Morreu"

Linha Fina: "Eletrocutado no lance para curar impotência"

Texto: "Roberto do Carmo e Silva, de 41 anos, ligou o pênis na tomada e morreu eletrocutado. A polícia fala em suicídio, mas os vizinhos têm uma versão mais maliciosa. Eles acham que Roberto estava broxa e tentou dar uma carregada no bimbo para ver se voltava a funcionar. Como o morto era viciado em eletrônica, a suspeita fica ainda mais forte. Roberto — que tinha o apelido de 'General' — era dono da lotérica 'A Favorável', em Jaú. As rádios da cidade estão implorando para que ninguém tente fazer o mesmo que ele.

"Na segunda-feira, mais ou menos às 18h, o 'General' fechou a loja. Com a cabeça já cheia de cerveja, foi tirando a roupa enquanto ia para o banheiro. Lá, um transformador 110/220 voltz (desses que se usam para recarregar pilhas) estava ligado na tomada.

"Aí, o 'General' pegou uma braçadeira de radiador e ligou no transformador. Apertou bem a braçadeira em torno do pênis com uma chave de fenda. Deitou no chão e mandou brasa.

"O investigador João Geraldo de Almeida França, do 1º. DP de Jaú, rachou o bico ao encontrar o corpo do 'General'. 'Todo mundo caiu na gargalhada primeiro. Só depois começamos a trabalhar, disse. O mais difícil foi tirar a braçadeira do pinto. Segundo o investigador, o pessoal da técnica teve um trabalho danado. 'O pênis estava mole. Só seu corpo estava duro'.

"A polícia de Jaú achou que o 'General' se matou e encerrou o caso. Mas não conseguiu até ontem descobrir o motivo. 'Ele era uma pessoa bem na vida, tinha carro e moto', disse João França. O morto estava desquitado há cinco anos e tinha fama de garanhão".

A reportagem "Broxa Torra o Pênis na Tomada" é considerada o "maior hit" de "Notícias Populares", depois do "ciclo do diabo" (próximo capítulo). Os leitores telefonavam, a edição se esgotou, chegaram cartas... Bem escrito, com detalhes tendenciosos, o texto agrada por desmascarar a morte e tirar a gravidade que parece inerente a todo suicídio. O comerciante não é mostrado como um homem desesperado, precisando de ajuda profissional, mas o jornal o compara a um instrumento descarregado. O texto coisifica o suicida, "tentou dar uma carregada no bimbo". Em troca de uma história "engraçada", a reportagem não viu obstáculos em degradar a dignidade do indivíduo, aceitando a versão "mais maliciosa". Nas últimas linhas, há a constatação de que a polícia "não conseguiu até ontem descobrir o motivo", mas se essa referência estivesse no lide, a história não teria feito tanto sucesso, o jornal teria vendido menos exemplares e o repórter iria correr o risco de perder a manchete de primeira página. Para a história ser engraçada, o texto precisou "desmascarar" o cadáver, "corpo duro", "pênis mole", o investigador "rachou o bico", "o pessoal da técnica teve um trabalho danado". O objetivo é mostrar para o leitor, "que esse cadáver que lhe inspira medo", é ridículo, sem dignidade, algo que não merece respeito — cômico.

O leitor, por sua vez, aceita o "tom gozador" que "ameniza a história"[6], dada a algumas reportagens de "Notícias Populares". Uma leitora fala que "dou mais risada do que outra coisa, quando leio esse jornal. Não levo a sério". Um leitor argumenta que "tem certas coisas tão chocantes que se tornam até brincadeira. O pessoal leva na gozação".

O estímulo humorístico transforma em "crônica" o *fait divers* banal, como este exemplo em que o marido flagrou a mulher com o amante. Além de algumas pancadas dadas pelo marido traído no amante da mulher, não houve mortos, nem feridos.

A manchete de página interna, na edição de 15/8/90, assinalava: "Pegou Chave e Levou na Tarraqueta" e a linha fina: "Mal o sol nasceu, já catava cavaco com outro". O lide diz que "o soldado Alberto Magno Pereira flagrou a mulher, Alcione Rodrigues dos Santos Pereira, queimando a rosca com o vizinho, um tal de 'Bibio'. Foi às 7 horas da manhã em Jandira". A narrativa menciona que o marido "cantarolava no banheiro" e pediu para a mulher "pegar a tal chave no vizinho". Como a mulher estava demorando, o soldado foi até lá, "abriu a porta e quase teve um troço: sua mulher, peladona, já estava de quatro na cama, com o vizinho engatado na traseira. O 'Bibio' babava e fungava no cangote da amante". O marido foi feito "touro bravo em cima do vizinho", "a gritaria foi geral", "a vizinhança acordou" e o "Bibio" "escapou pela janela, sem roupa mesmo e sumiu no nevoeiro da manhã".

Os leitores gostam da sensação de se sentirem precavidos, alertados, quando o jornal noticia um crime, seja este qual for, e negam que "Notícias Populares" seja um jornal violento:

---

6. PROENÇA, entrevista concedida ao autor. Op. cit.

"São Paulo tem muito crime. O pessoal lê para se orientar mais um pouco. Escapar de assalto", diz o porteiro Nelson Correa Conceição, 53. A técnica do Ibge, Miriam Pereira comenta que "morte faz parte do cotidiano, o jornal não incentiva a violência, mas mostra o cotidiano". O impermeabilizador Milton Cavalcante Penha, 28, assegura que o jornal "não exagera em nada, até ajuda o pessoal a evitar a violência. Fico mais precavido, mais esperto. Fulano morreu por causa de uma discussão no bar. Eu penso: 'se ele estivesse em casa, não ia acontecer nada'. Se a gente evitar as coisas, a gente vive mais. Mas não é todo mundo que pensa assim". O gerente do posto de Gasolina, Eutávio Jorge de Carvalho, 22, salienta que "gosto muito de ler o 'Notícias Populares'. A gente sai de casa prevenido". O carteiro Roberto Dias de Araújo, 25, se considera uma pessoa curiosa que gosta de ver "como aconteceu o crime". Assim, "quando eu for fazer alguma coisa, vou tomar cuidado para que aquilo não aconteça comigo. Fico chocado, mas antes acontecer com o outro do que comigo". O engraxate Amadeu Gonçalves da Cruz, trabalha na praça da Sé, centro de São Paulo, local conhecido pela polícia como de altíssima periculosidade. "Aqui nessa praça a gente vê de tudo. Por isso, o jornal não dá para impressionar ninguém. Há 15 anos compro o 'Notícias'. Crime é coisa da vida. Quem tem medo e vive em São Paulo, não deve sair de casa. O jornal eu leio e já esqueço. Não me impressiona em nada". Outro leitor é a favor de que o jornal destaque as fotos dos crimes por mais trágicas que sejam, "para impressionar o povo", porque "uma figura fala mais do que mil palavras". José Luis Silva, 33, apontador, diz que "quanto mais notícias sair nos jornais, nas TVs, nas rádios, mais ajudaria a reduzir a violência.". Silva se recorda da foto de uma "mulher degolada a faca" que ele viu publicada no "Notícias Populares". "Aquilo me impressionou. Deu aquele impacto. Mas isso devia sair com mais destaque ainda, inclusive na TV". Silva acredita que se pessoas ficassem chocadas, como ele ficou, esse trauma seria suficiente para reduzir a criminalidade, ou obrigaria os poderes constituídos a tomar medidas mais enérgicas. Já o programador de computador, Nivaldo de Oliveira, 23, considera que as pessoas têm uma propensão sádica em relação ao crime e à morte. "Pode ver, quando alguém se atira do viaduto, fica cheio de gente. Morto de enfarte, por exemplo, já não chama muito a atenção. Um esfaqueamento rende mais público". Oliveira achou estranha a pergunta de que "Notícias Populares" pudesse ser um jornal que desse ênfase demasiada à violência. "Violência faz parte do dia-a-dia. A gente já está acostumado".

7. HOMOSSEXUALISMO

O tratamento dispensado por "Notícias Populares" às perversões mantém a franja de ambigüidade da linguagem sensacionalista. A opção pelo perverso é um registro duplo de difícil compreensão. O mesmo se dá no rompimento do interdito. Fica difícil avaliar qual é a disposição real do

121

veículo. Há a condenação, mas a antítese também. No caso de "Notícias Populares", o perverso e aquele que não respeita o interdito são peças fundamentais na elaboração da manchete. Quando se refere ao homossexual, "Notícias Populares" procura tornar nítida uma posição de preconceito, de exclusão e marginalidade. O homossexual aparece como culpado, mesmo que seja ele a vítima do crime.

A edição de 21/8/90 é um exemplo desse posicionamento: "Gay senta em cinco e morre esquartejado". A linha fina na página 5 informa que "Patota da pesada diz que barbarizou porque a bichona não quis dar a grana prometida pelo sexo grupal". O lide acentua que "o gay Domingos Chirinea foi assassinado a facadas e golpes na cabeça por cinco caras que estavam fazendo uma suruba com ele". A reportagem não é muito clara. Um delegado diz que "eles chegaram com más intenções. A prova é que o fio do telefone foi cortado na parte de fora". Supostamente, os criminosos teriam sido contratados "para um programa", mas "os bandidos não souberam dizer quanto iam ganhar pelo dinheiro prometido". O jornal trata a vítima de "fruta", informando ainda que "Domingos tinha 45 anos e era professor de inglês, pintor e advogado".

Outro exemplo: uma chamada na primeira página da edição de 29/8/90 noticia: "Estraçalharam o cabeleireiro gay", "moço era metido a valentão". O lide da reportagem acentua que "dois tiros estouraram a cabeça e esparramaram os miolos do gay cabeleireiro Antônio Magri (34 anos)". O criminoso qualifica a vítima de "bicha, maconheiro e valentão".

Em outra reportagem, o jornal reforça o preconceito ao buscar o aspecto ridículo, insólito da inversão: "Bicha Americana Fica Grávida", "a boneca agora se chama Erika e diz que fez inseminação artificial, mas até o marido duvida da história". O texto menciona que "um homem que fez uma operação para virar mulher afirma que está grávida. É a cabeleireira Erika White. Antes de 1977, chamava-se Ted. E está com 43 anos".

Nesses três exemplos, verifica-se a forma de tratamento dada por um jornal sensacionalista ao homossexual. No primeiro caso, "Gay Senta em Cinco e Morre Esquartejado", é curioso como o jornal aceita a versão dos criminosos, apesar de todas as contradições dos depoimentos. O grupo aparece qualificado como "patota da pesada" e o crime é "justificado", na linha fina, pelo fato de que "bichona não quis dar grana prometida pelo sexo grupal". Os adjetivos são substantivados e passam a predominar no texto. A vítima é tratada pela reportagem de "bichona", "fruta", "gay".

No outro exemplo, prevalece igualmente a versão do criminoso de que "o moço era metido a valentão". A reportagem, entretanto, faz um outro perfil da vítima: "Vizinhos do cabeleireiro não escondem a revolta. Ninguém nega que Magri fosse homossexual. Como disse Eva de Jesus Nunes: 'Uma coisa nada tem a ver com outra. Ele trabalhava aqui mesmo na casa dele. Todos o estimavam como o senhor pode ver'". Não é essa a imagem que o jornal, através de sua chamada e manchete, vai passar. Nem uma, nem outra, fazem menção ao fato de que a vítima era respeitada e estimada por seus vizinhos. A versão divulgada é a do criminoso que "esconde o verdadeiro motivo que o levou a matar o amigo e vizinho". Se o criminoso "esconde o verdadeiro motivo" do assassinato, qual é a credibilidade que a chamada, "Moço era metido a valentão", pode ter, uma vez que se baseia num depoimento não elucidativo?

O último exemplo citado é pleno de contradições. O jornal não esclarece se se trata de um transsexual ou de um caso de hermafroditismo. Erika afirma que na operação de mudança de sexo "descobriu que possuía um ovário". Ela poderia ser realmente uma mulher que tivesse nascido com os genitais masculinos atrofiados, ocultando os genitais femininos. O próprio jornal diz que "a história não está bem contada. E que o médico identificado por Erika negou que tenha feito a inseminação". Se o médico negou, se a inseminação não foi feita, se Erika diz que engravidou, logo, não há notícia, mas um acúmulo de dúvidas e depoimentos contraditórios, explorados sensacionalmente.

O homossexual, em "Notícias Populares", é enquadrado como elemento cômico, anormal, que é assassinado em decorrência de seu comportamento desviante. A informação: "Gay Senta em Cinco e Morre Esquartejado" demonstra, mais uma vez, desejo de punição. O que o leitor entende neste exemplo é que determinada pessoa foi morta por causa de sua opção sexual e não que cinco assaltantes entraram em uma casa, possivelmente, estupraram e depois mataram alguém. Novamente, o jornal extrapola sua função informativa para reivindicar uma atuação punitiva. A informação desvirtua o contexto em que o crime foi cometido e estabelece uma nova realidade, moralista e preconceituosa.

O caso do cabeleireiro que mudou de sexo é flagrante como condição "escandalosa, cômica, provocadora, perturbadora"[7] que representa o homossexual para o jornal sensacionalista. As informações são confusas e devem permanecer assim para manter o tom cômico e provocador do texto ("a boneca agora se chama Erika e diz que fez inseminação artificial"); a tendência escandalosa da manchete de página, ("Bicha Americana Fica Grávida"); e o aspecto perturbador da ordem sexual ("Um homem que fez uma operação para virar mulher afirma que está grávida"). Se o texto fosse esclarecedor e jornalisticamente informativo, o tom sensacionalista poderia não se concretizar.

A justificativa possível para essa tendência de excluir, marginalizar e condenar o homossexual, seria de que, como veículo dirigido a classes subalternas, "Notícias Populares" não faria mais do que reproduzir os traços moralistas e homofóbicos de seu público destinatário. Apesar de sensacionalista, "Notícias Populares" sabe que tem uma atribuição de formador de opinião, motivo que inclusive levou a sua criação. A linha editorial poderia ser alterada se houvesse interesse da direção do jornal

---

7. PEDROSO, Rosa Nívea. *A Produção do Discurso...*, op.cit.

nesse sentido. O mais fácil, contudo, é atacar o grupo minoritário, desviando sobre ele conteúdos recalcados que poderiam ser perigosos de outra maneira.

8. VOYEURISMO

O espaço para o "voyeur" é garantido em toda edição com uma foto de uma mulher nua, se despindo, ou seminua. Para o então secretário de Planejamento do jornal pesquisado, trata-se de uma espécie de tradição: "Publicamos uma mulher bonita diariamente. Há tempos. Essa vedete de capa apareceu praticamente com o jornal"[8]. As mulheres aparecem sem *gancho*. Muitas não têm nome nem referência. É o exemplo da edição de 30/8/90, onde surge na capa uma "Toureira Infernal". Um chapéu esconde o rosto dela. Está com os seios descobertos, luvas, capas (de toureiro?) cobrem o restante do corpo. "De vermelho, ela segura qualquer peão a unha e faz o homem em chamas a um incêndio de gozo". A mulher está na capa, apenas como argumento de venda e, como foi dito no capítulo "Fetichismo", "investida de presença ahistórica", "peça sobressalente". Os leitores, salvo exceções, não parecem preocupados com essa presença gratuita. "Eu me encanto", diz um entrevistado, "adoro aquelas fotos de mulher pelada". Outro confessa que se sente excitado: "a gente distrai. Tem notícia que traumatiza, mas, em compensação tem a mulher que tira aquilo da cabeça da gente e excita". O taxista Paulo César do Rosário, 49, garante que "mulher pelada é bom demais. Ver elas todo dia é um alívio pra gente". Um entrevistado diz que "essa mulherona é a coisa melhor que tem nesse jornal. Deixa o homem influente". Outro relaciona a pergunta — se o jornal era imoral — com a presença de uma vedete na capa: "Mostrar mulher nua não quer dizer que seja imoral". José Luis Silva, 33, tem uma visão diferente e fala em "masturbação cerebral": "Mulher pelada no jornal é uma masturbação cerebral, porque não se pode fazer nada com ela. Não tem mensagem. Não excita. É um exibicionismo barato. Não posso fazer parte da vida dela. Ela é vulgar e se exibe por qualquer cachê. É uma prostituta de luxo".

O leitor, às vezes, tem que se contentar com "pedaços" de corpo. Em uma edição, publicou-se a foto das nádegas de uma mulher no momento em que ela tirava a calcinha. O texto referia-se a um vídeo "erótico", "Lolita, a Insaciável", que estava sendo lançado. O título do texto-legenda sugeria: "aplique nessa poupança" e o texto insinuava que "todos ficam loucos pra depositar na poupança dela" (dela quem ?). A foto se "congelava" no suspense da revelação, retendo a calcinha alguns segundos antes da nudez completa, investindo no fantasma fálico denegado. Situação explorada em inúmeras outras poses, onde a modelo aparece de pernas entreabertas e uma sombra oculta a genitália.

---

8. PROENÇA, entrevista concedida ao autor. Op. cit.

Em outra edição, é a vez da "morena Mariucha", que aparece vestida com uma calcinha, botas de cano alto e um chapéu. O jornal informa que ela faz "strip-tease nas boates da Boca do Luxo" e que "se despe de um modo diferente". As edições se sucedem e a imaginação dos redatores tenta criar inovações. Há menções a "corpo apetitoso", "ônibus erótico", "Joice Negra", "o louco sexo das fêmeas". As mulheres em posição sensual (ou tentando fazer uma pose sexy) não estão limitadas à capa. Podem aparecer também nas páginas internas do jornal, mas dentro de um contexto. É o caso, por exemplo, da atriz Rita Cadillac, atacada por um fã quando se exibia num garimpo, e que é abre de página interna, numa pose provocante de sapato de salto alto e cabelos esvoaçantes. A foto é de arquivo e não se refere ao fato: a exibição no garimpo e o ataque do fã. Em mais um exemplo, a atriz de sexo explícito, Márcia Ferro, ilustra a reportagem, seqüência do "Campeonato do Sexo", em uma foto com calcinha, cinta-liga, meias pretas e colares.

9. SADOMASOQUISMO

A edição de 16/8/90 destaca uma "Soldada Erótica". Vestida com botas, capa preta, chapéu de militar e óculos escuros, a modelo foi colocada no alto de um prédio. O jornal informa que a "soldada" gosta de "espancar, machucar, fazer o parceiro sofrer. Para esta gata sádica e misteriosa, o sexo é como a guerra — ganha quem agride mais. Dor e prazer são a mesma coisa".

Essa fantasia de mulher cruel, espancadora, é explícita demais para sugerir qualquer análise ou aprofundamento teórico. O sadomasoquismo apresenta-se freqüentemente no jornal sensacionalista, nem sempre de forma tão explícita. Na edição de 3/8/90, por exemplo, lê-se a notícia de um garoto de 14 anos que foi subjugado e violentado por seis carreteiros. "Vassoura no Ânus", informa a manchete de página, "Carreteiros Estupram o Filho do Companheiro" diz o subtítulo. O lide fala que "o menor R.V.T., 14 anos, jogador de capoeira e filho único do casal Raimundo e Madalena, só consegue fazer uma coisa na vida: chorar. O motivo é barra pesada. Seis carreteiros enfiaram um cabo de vassoura no ânus dele". A narrativa detalha como ele foi agarrado, dominado e enfrentou "uma sessão de maldade".

"Depois de muitos tapas, safanões e pontapés, os loucos tiraram as calças do rapaz. Enrolaram um cabo de vassoura em um pano cheio de graxa e enfiaram muitas vezes, e durante meia hora, em seu ânus". A reportagem é ilustrada por uma "story-board" de seis quadros que traz a seqüência do estupro. Os homens rindo, segurando o garoto e fazendo com que ele fosse penetrado pelo cabo de vassoura. A narrativa envolve o leitor e a "story-board" explicita a pedofilia, a dominação, o ato sádico e a humilhação a que o menor foi submetido. Alguns detalhes são marcantes: os homens são mais velhos que a vítima, que por sinal é um garoto ainda;

o menino é dominado, preso, imobilizado e sodomizado; os homens sentem prazer e se divertem com o ato sádico; o menino se sente humilhado e constrangido, segundo mostra o desenho.

Apesar de não ter essa pretensão, a narrativa trabalha com elementos clássicos de sadomasoquismo. O leitor vai ser envolvido pelo texto. A projeção-identificação pode ter uma condição ativa, sádica; ou seu par antitético, passivo, masoquista. Freud salienta que a fantasia "batem em uma criança", é consciente e sádica; enquanto que a outra, "sou espancado por meu pai" é inconsciente e masoquista.

Os personagens não têm tanta importância quanto o fantasma que é evocado. A história original sadomasoquista fala de uma criança má, que é punida, imobilizada, ela não pode reagir. Sua consciência de culpabilidade (edipiano normal, ou invertido) precisa ser punida. Na acepção freudiana da conduta sadomasoquista, a fantasia do menino processa uma transferência da característica masculina para a feminina. O sujeito se imagina castrado, capaz de suportar o coito e parir.

O jornal não criou a notícia, em função de uma idéia sadomasoquista. Tudo leva a crer que o fato realmente aconteceu. A questão está novamente na forma de abordagem, no destaque dado à notícia e, principalmente, na utilização da "story-board" que lembra sobremaneira antigas publicações eróticas, publicadas no Brasil nas décadas de 50 e 60, cujo autor mais celebrado era "Carlos Zéfiro". Quando foi dito que os personagens não têm tanta importância, cabe observar que isto não significa que o problema do estupro cometido contra um menor indefeso, é sem relevância. Naturalmente, sabe-se que se trata de um ato bárbaro, revoltante, que provoca indignação. Ocorre que a abordagem do acontecimento choca o leitor, é certo, mas provoca também outras emoções ao evocar material recalcado. A reportagem poderia ter-se restringido ao ato de vingança. Foi para se vingar do pai do garoto, que também era carreteiro, que os homens cometeram o estupro. A linguagem-clichê (principalmente manchete e "story-board") foi na direção contrária, apelando para um hiperdetalhamento da violência. A maneira como o estupro foi cometido, a preparação, o detalhe, — são esses os fatos centrais. A ocorrência policial — prisão de suspeitos, interrogatório, depoimentos — secundária. Nessa inversão de prioridades, se comprova a opção pela linguagem-clichê, que sensacionaliza a notícia e explora seu conteúdo sadomasoquista. A reportagem, longe de despertar piedade pelo menor, causa emoções perversas no leitor que, pelo mecanismo de projeção-identificação, se verá no papel de carrasco ou de vítima.

Lembrando o que se disse no capítulo anterior, "Apresentação", quando se falou que no jornal sensacionalista o mais importante não está acontecendo no palco, mas atrás da cena, esta última reportagem-exemplo pode servir como modelo. O jornal não está contando a história de um menino que foi estuprado por seis homens que queriam se vingar de alguém. Essa informação é sígnica e mantém o sujeito distante do objeto.

A história se apresenta muito mais complexa. Somente os recursos oferecidos pela psicanálise permitem uma aproximação possível, que possa contar a história que o jornal de fato contou, sem nunca ter contado.

10. COPROFAGIA

Fantasias coprofágicas apareceram timidamente no período analisado. Há apenas uma referência a um jacaré que vivia no rio Tietê (na época, um esgoto a céu aberto). A reportagem falava dos esforços dos bombeiros em capturar o animal e que ele poderia morrer se continuasse no rio, por causa do excesso de poluição e falta de alimento. "Notícias Populares" deu, na edição de 16/8/90, a chamada de página: "Jacaré Viciado em Cocô" e passou nas outras edições a se referir ao animal como "jacaré cocô". Uma outra chamada iria se referir a uma circunstância criminosa pouco corriqueira: "Liquidado a tiro quando fazia cocô". São apenas esses exemplos que revelam, de certa maneira, que o jornal conhece as "possibilidades" do "filão coprofágico" e que pode utilizá-lo eventualmente.

11. TABU: HOMICÍDIO

"Notícias Populares" diversifica o tratamento dado ao rompimento de tabus. Um homicídio ocorrido na periferia, por exemplo, pode ser noticiado em uma nota de três ou quatro linhas. Exemplos (extraídos das edições de 12/8 e 15/8/90):

"Executado em cima da cama: O Vigilante Esmeraldo José Aguiar (47 anos) foi morto no Parque Santo Antônio, em Santo Amaro. A mulher dele disse que 'um tal de Francisco' invadiu o barraco deles e o matou em cima da cama. Depois, fugiu."

"Travesti Assassinado: o travesti 'Márcia' (Sérgio de Tal), de 17 anos, foi assassinado a tiros. Ele estava de calcinha e vestido preto. O corpo tinha várias perfurações. O crime aconteceu no apartamento 608 da rua Paim, 211, Bixiga. A Divisão de Homicídios está investigando."

A situação se altera, quando se trata de uma chacina. Geralmente, as fotos dos cadáveres são publicadas "abertas" com destaque na capa e podem servir ainda como abre de página de Polícia, como foi o caso da edição de 20/4/91. Nesse dia, "Notícias Populares" publicou a reportagem "Super-Homem Vive no Massacre", "Homem de aço consegue se salvar de uma chacina tripla", sobre dois homicídios e uma tentativa de assassinato, ocorridos no Jardim Pirani (zona Leste de São Paulo). Na capa, o jornal saiu com outra manchete ("Corno Dá 30 na Mulher Galinha"), mas destaca a foto de um cadáver ensangüentado, na parte inferior da capa, sem texto de referência, apenas a legenda: "Garoto olha a chacina e teme seu próprio futuro" (havia várias pessoas observando o cadáver, entre elas algumas crianças). Na página 6, o mesmo cadáver, em foto aberta horizontalmente, ocupando mais de um terço da parte superior da página, ilustra a reportagem que destaca: "o trio tomou chumbo nos miolos em uma quebrada meio deserta da avenida Rodolfo Pirani, perto da divisa com Santo André". O único sobrevivente, "um cara super-resistente" foi levado para um hospital que "ninguém soube informar onde ficava". Para completar, "o moribundo e os defuntos não tinham documentos. A polícia não sabe o nome de nenhum".

A característica corriqueira que o homicídio adquiriu em uma cidade violenta como São Paulo "alterou as regras do jornalismo sensacionalista", observa Proença. A banalidade do crime violento não impede certas similaridades (de tema, mas não de estilo) entre o jornal "Notícias Populares", para quem o crime violento *nem sempre* é notícia de primeira página, e os "canards" franceses do século passado, para quem o crime violento era *essencialmente* o motivo de produção do informativo. O exemplo de manchete de um "canard", "Um homem de 60 anos cortado em pedaços e jogado como ração aos porcos", se assemelha bastante com a chamada "Retalhou o filho e deu pro cão comer", que "Notícias Populares" publicou em sua edição de 13/8/90.

Mas se o tabu do homicídio vale como notícia de primeira página, desde que os mortos sejam em número igual ou superior a três, essa regra não é ortodoxa. Se o jornal tiver fotos consideradas "interessantes" pelos editores, o homicídio "simples", suicídio, atropelamento, aborto, podem ganhar destaque, inclusive na primeira página.

12. TABU: CANIBALISMO

Mas, se o homicídio perde impacto emocional, possivelmente por um processo de defesa sígnico, outros tabus ainda revelam uma força muito grande, como é o caso do canibalismo.

Um entrevistado conta que a edição de "Notícias Populares" sobre canibalismo foi tão marcante que ele decidiu guardar o jornal "de lembrança". A reportagem se referia a um "serial-killer" americano que devorava suas vítimas.

"Fiquei assim (tremendo) com esse negócio, essa história do cara que matava os outros para comer. Aquilo machucou demais. Tenho até esse jornal guardado para mostrar para os amigos. Me impressionou muito, mas muito mesmo, o cara matar o outro para comer" (Eutávio Jorge de Carvalho, 22, gerente de Posto de Abastecimento de Combustíveis).

Outro leitor, Severino Vicente da Silva, 45, desempregado, que se considera "um leitor apaixonado por este jornal" (NP), fez questão de ir buscar em sua casa e mostrar para o pesquisador a edição de 8/8/91 sobre o canibal americano. Severino tinha agido da mesma forma que Eutávio, guardando o exemplar do jornal, com a manchete: "Sanduba de Gente na Marmita". A edição aproveitava uma foto de divulgação do filme "O ladrão, sua mulher, o amante, o cozinheiro": um homem assado, cercado por uma guarnição de legumes. A foto era em cores. Ocupava quase um terço da capa e não tinha qualquer relação com a notícia. Severino, entretanto, entendia a foto como parte do conjunto notícia-reportagem e se mostrava impressionado com os "requintes culinários" do canibal:

"Essa notícia do canibal...Rapaz, essa é foda! Canibal é foda! Gosto de ler coisas assim como "Sanduba de Gente na Marmita". Esse cara, esse é um bicho. Não é gente. Nunca, mas nunca na minha vida, tinha ouvido falar de uma coisa dessas. Um cabra comer o outro, tem que ser bicho".

Severino disse que comprava "Notícias Populares" todos os dias: "Tem gente que vai na missa. Eu acordo cedo e compro esse jornal. Todas as notícias dele me interessam". Ele se dizia preocupado com a possibilidade do jornal ser proibido. "Eles têm que se preocupar com quem rouba a Previdência e não com um jornal desses que é fácil de ler e toda a família gosta".

13. TABU: INCESTO

Outro tabu, o incesto, não foi manchete no período pesquisado. Foram encontradas apenas duas chamadas: "Jesus Matou Mulheres e Violentou Filhinha", (13/8/90) e "Currou Filho de 5 Anos" (16/8/90). Ambas as matérias não davam ênfase ao incesto propriamente dito.

A primeira enfocava o assassinato de duas mulheres, cometido por um lavrador. O incesto surgia somente numa citação no corpo da matéria: "Jesus estava com o diabo no corpo: embrulhou a mulher com folhas de jornal, jogou álcool e tacou fogo. Isso depois de ter estuprado e furado a dona com uma faca. Como se não bastasse, estuprou uma das filhas..." A reportagem punha em relevo o nome próprio, Jesus, jogando com as nuances de sagrado e profano. A outra chamada se referia a uma notícia, recebida de agência de notícias, sobre um homem que sodomizou e infectou o filho de 5 anos com o vírus da Aids, sendo que o texto se voltava mais para a questão do contágio do que para o incesto.

Ainda que ausente das manchetes da mostra que serviu para análise deste trabalho, o incesto tem presença constante e destacada no jornal, provocando debates e discussões entre seus leitores. Juarez Batista, 30, mecânico, se refere a uma notícia sobre "um pai que tinha estuprado a filha". "No serviço, os colegas discutem muito. A maioria tem seus filhos. A gente pega o jornal e comenta que isso é coisa que não pode acontecer. Os colegas perguntam: Isso é pai? Isso é coisa que se faça?".

14. ID PERSONIFICADO

No início deste capítulo, foi dito que o material pesquisado poderia ser dividido em dois grandes grupos: punitivo e transgressor, sendo que o segundo modelo (o qual será analisado agora) caracteriza a prática do meio em propagar o ato desviante, "drenando" fantasias sádicas, criminais e outras exigências pulsionais. Esse processo, transgressivo e liberador, foi chamado de "personificação do id", com base na terminologia proposta por Otto Fenichel.

Leitores entrevistados referiram-se à possibilidade de projeção-identificação transgressora que o meio articula, como Nelson Correa Conceição que afirmou: "Eu gosto de crime, ladrão, violência. Gosto de ver bebê barbarizado, seqüestro e morte. Adulto gosta dessa sangria". Roberto de Araújo deu um depoimento semelhante: "Gosto da parte do crime. A parte que eu mais gosto é de ver cadáveres com a cabeça estourada. Apesar de ser desgraça, gosto de ver como aconteceu. Pessoalmente, não tenho essa força de ver sangue. No jornal, tudo bem". Carlos Fragoso de Lima, 24, encarregado de marcenaria, disse que prefere ler horóscopo, mas também se sente atraído pelo crime e pelo criminoso:

"Gosto de ver o bandido, o rosto dele, Gosto de saber o que ele fez com a vítima. Saber o que aconteceu, se houve estupro, se ele roubou, se matou. Saber se ele teve coragem para fazer tudo aquilo".

Alguns dos exemplos já analisados demonstram que o jornal atende a essas necessidades pulsionais dos leitores. Relembrando, verificou-se que a reportagem "Vassoura Estupra Garotinho" revelava tendências sadomasoquistas; "Jacaré Viciado em Cocô" referia-se à coprofagia; "Os Putos Matam Gozando" punha em relevo fantasias edipianas, genitais, orais, anais e sádicas. De um ponto de vista geral, os depoimentos dos leitores poderiam ser sintetizados em uma única frase: "Gosto de ver como aconteceu", corroborando a afirmação de que a narrativa sensacionalista "transporta o leitor", colocando-o "junto ao estuprador, ao assassino, ao maconheiro, ao seqüestrador fazendo-o sentir as mesmas emoções" [9]. Assim, *o jornal sensacionalista atua como meio de transporte do inconsciente, personificando o id.*

15. EROS

O conjunto de matérias transgressivas permite que seja feita uma subdivisão, onde é possível identificar um grupo *perverso* (fetichismo, voyeurismo, sadomasoquismo, coprofagia), um grupo *tabu* (incesto, canibalismo, homicídio) e um terceiro que vou chamar de *Eros*. Os dois primeiros foram objeto de análise neste capítulo, o terceiro aparece em "Notícias Populares" como simulacro. Enquanto a identificação de grupos perversos e tabus pode ser conduzida sem problemas, este capítulo oferece dificuldades específicas. Isto porque o jornal pesquisado não é o que parece. Ainda que o aspecto "cênico" simule uma atmosfera licenciosa, sexualmente estimulante, na realidade, o erotismo passa longe de "Notícias Populares".

---

9. PEDROSO, Rosa Nívea. *A Produção do Discurso...,*op.cit.

Eros é entendido como dessublimação, afrouxamento dos controles morais, princípio contra-repressivo. Marcuse assinala que Freud utiliza o conceito de Eros como um desabrochar "qualitativo e quantitativo" da sexualidade.

O conceito aqui utilizado de Eros passa pela abolição da idéia de trabalho de esforços sublimatórios, que cedem lugar ao sexo como jogo prazeroso e busca da plenitude possível. Eros como representante do corpo, do belo, da ligação amorosa, do amor corporal.

O Eros, encontrado no material pesquisado, passa pelo simulacro de si mesmo. Produto falseado. Imagem confrontada com o real. Fantasma genital que se dissolve na massa repressiva. O jornal faz surgir um Eros desinvestido de libido, ainda que pareça tentar vender estímulo libidinoso.

A edição de 11/8/90 vem a propósito, porque oferece a seus leitores duas reportagens, investidas na sexualidade. A primeira fala de "Xoxolina", anticandidata ao Senado nas eleições daquele ano. "Xoxolina", pseudônimo da atriz Cristhiane Tricerri, aparece na capa da edição de "Notícias Populares", ocupando um terço da parte superior do jornal. Está de calcinha, cinta-liga e meias, com os seios à mostra, peruca loira, com arranjos de flores na cabeça. Imita a estrela pornô e deputada italiana Cicciolina. A chamada do jornal se limita a um texto, sem título, que diz: "Xoxolina é o nome desta apetitosa candidata a senadora por São Paulo. Hoje, ela vai passear pelada, de charrete, no centro da cidade. Corra atrás e deposite na urna dela". A legenda informa: "A artista já prometeu uma boca no governo para quem votar nela". A manchete da página interna noticia: "Xoxolina dá tudo pro eleitor", "candidata quer todo mundo mamando na teta do governo. A começar pelas suas que dão leite tipo A".

A segunda reportagem é a continuação do "Campeonato do Sexo". Nessa edição, 11/8/90, o jornal saiu com a manchete: "Bimbar Até Cair Morto", "depravados querem copa do sexo". A reportagem foi publicada mais uma vez na página esportiva, sob a manchete "Prometem Morrer Bimbando". A página é ilustrada com uma foto da atriz Márcia Ferro (já descrita anteriormente). O texto retoma o caráter competitivo da outra edição:

"Osvaldo Cirilo e Márcia Ferro estão encarando o 'Torneio do Sexo' com muita seriedade. O casal se apronta para transar até morrer. Isso significa que eles batem qualquer recorde. Ou seja, se alguém conseguir dar 30 bimbadas em cima do palco, os amantes juram de pés juntos que dão 31, e assim por diante".

Antes de analisar essas duas reportagens, um outro exemplo. Na edição de 7/8/90, "Notícias Populares" dava a chamada ambígua: "Por trás é que Isabela gosta". Na página 7, a reportagem contava que a atriz Isabela Garcia tinha ido assistir a uma peça de sexo explícito e saíra "sorridente" do teatro. A página era aberta com a manchete "Bacanal Liga Isabela".

Texto: "Isabela Garcia, ex-namorada de Roberto Carlos, curte um teatro de sacanagem. A atriz foi flagrada pela reportagem de "Notícias

Populares", no último sábado, quando saía do teatro Odeon, onde foi assistir à peça 'Por Trás É Que Elas Gostam'.

"Quando o repórter perguntou se ela havia gostado do espetáculo, Isabela ficou muito sem graça e foi logo desconversando. 'Eu vim aqui só por curiosidade. Esta é a primeira (vez) que vejo um espetáculo deste tipo'. "Curiosidade ou não, a verdade é que Isabela estava muito sorridente ao sair do teatro. Com cara de quem tinha gostado (...) Morrendo de vergonha de ser pega com a boca na botija, Isabela disse ainda que estava em São Paulo apenas para passear. Depois disso, saiu correndo (...)".

Entre o antimarketing político, a paranóia competitiva e a supervisão moral, Eros se desfaz. Se o leitor comprou o jornal para motivar a sua libido, acreditando no apelo erótico, possivelmente, deve ter se decepcionado. A carga não estava onde deveria estar. A reportagem sobre a anticandidata "Xoxolina" é uma peça humorística debochada, *bricolage* de frases de efeito, cinismo e ironia. O erotismo foge do texto e se desloca para as fotos da anticandidata de *top-less*. O problema é que as fotos são tão posadas, tão pouco naturais, tão propositadamente ridículas, que não há mais erotismo em lugar nenhum.

O segundo exemplo não traz novidades. É a continuação do "campeonato do sexo" desinvestido de libido. Sexo como atividade esportiva, que demonstra a capacidade de resistência dos "competidores".

A reportagem sobre a olimpiana Isabela Garcia coloca o repórter na função de "cobrador" da moral e dos bons costumes. O lide poderia abrir com a pergunta: "O que uma mocinha bonita e pura como você está fazendo num lugar sujo e imoral como este?".

Eros não aparece em "Notícias Populares" e nem poderia aparecer, porque o jornal parece rejeitar "uma ordem instintual não-repressiva" [10]. O jornal faz prevalecer apenas o aspecto pior da sexualidade ("doença que pega todos pelo meio das pernas", prostituição, aborto, traição, ciúmes, crimes contra homossexuais), destaca o perverso — principalmente para puni-lo — e espetaculariza a morte . Nessa opção editorial por Thanatos, não há espaço para Eros.

16. SUPEREGO ACESSÓRIO

Se a constatação de que "Notícias Populares" é um jornal transgressivo não parece levantar muitos problemas, fato que não escapou nem à perspicácia dos promotores da Vara do Menor, apontar a tendência inversa se mostra mais complicado. Nenhum leitor, nenhum jornalista, mencionou essa particularidade. Como se observou, em algumas reportagens analisadas anteriormente ("Morreu Cheia de Esperma", "Suruba de Aidético Dá Nisso"), o jornal extrapola sua condição informativa para se arvorar a

---

10. MARCUSE, H. *Eros et Civilisation...*, op. cit.

atribuição de instância moralizadora. Ou seja, além de "id personificado", busca ser também "superego acessório".

Se o leitor não está plenamente convencido e ainda encara o conceito de superego acessório com a expressão desconfiada de quem se vê diante de uma especulação fora de propósito, o que posso fazer nesse capítulo para, senão convencê-lo, pelo menos fazer com que esta concepção seja encarada com mais simpatia, é reforçar a argumentação com exemplos extraídos do material pesquisado.

Na edição de 30/8/90, "Notícias Populares" publicou a notícia de que dois homens, suspeitos de terem cometido assaltos e mortes, tinham sido executados no Parque Paulistano, em São Paulo:

Título: "Morreu na Merda"

Linha Fina: "Acabaram com os bandidos que aterrorizavam o Pq. Paulistano"

Texto: "Dois bandidos que aterrorizavam o Parque Paulistano não vão encher o saco de mais ninguém. Um deles morreu na merda, cheio de chumbo. Robério Ferreira Azevedo, (30 anos) e Marcelo Nunes Souza, o 'Fofão' (17 anos), foram executados a tiros por desconhecidos, 'gente com certeza que não agüentava mais as diabruras que eles praticavam'. Ninguém chorou a morte da dupla, abatida na rua Conceição do Almeida, naquele bairro de São Miguel Paulista, no início da madrugada de ontem. 'Os dois vinham aterrorizando o pedaço', contou um morador, expressando seu 'alívio'.

"'Fofão' foi cercado e morto com dois tiros fulminantes na cabeça. Os disparos foram feitos quase que à queima-roupa e explodiram o crânio do marginal. Apavorado, o comparsa Robério tentou fugir. Correu muito. Cerca de 50 metros. Tropeçou e caiu numa fossa no 'jardim' da casa 11. Ali, recebeu quatro tiros. Na cabeça e no peito. Morreu entre um monte de fezes.

"Segundo a polícia, embora mais jovem, 'Fofão' era o mais perigoso. Um policial revelou que 'ele cometeu todo tipo de crime'. Moradores do bairro contaram que Robério e Marcelo se transformavam em verdadeiras feras, diabo em figura de gente, quando consumiam drogas. A dupla fez muitas vítimas. Assaltou, furtou, estuprou e molestou muita gente de tudo quanto foi forma no Parque Paulistano.

"Os investigadores (...) suspeitam que o crime foi cometido por 'justiceiros'. Mas não descartam a possibilidade de que pais de família que viviam aterrorizados pelos bandidos tenham decidido eliminá-los para poderem viver em paz".

Terminada a leitura, qual é a primeira sensação que uma reportagem como essa passa para o leitor? Alívio, certamente. Dois desordeiros, assassinos, drogados, foram executados, permitindo de agora em diante, aos homens de bem, dormir em paz. Foi feita a Justiça, sem a necessidade de intervenção do Judiciário. O acerto de contas ficou por conta dos "pais de família", porque é assim que os problemas são resolvidos na periferia.

Certas questões, contudo, se interpõem e atravessam a linearidade da reflexão, formulada no parágrafo anterior. Os dois "bandidos" eram realmente os "bandidos" que aterrorizavam o bairro? Quais eram as "diabruras" que eles praticavam? Qual foi "todo o tipo de crime" que 'Fofão' cometeu? Que drogas a dupla consumia? Quantos assaltos, quantos furtos, quantos estupros, quantas molestações a dupla cometeu, e contra quem?

Todas essas questões não deveriam ser respondidas pelo aparelho Judiciário? Não caberia ao Judiciário julgar e, se fosse o caso, condenar os criminosos? Se a "justiça" precisa ser feita por "pais de família", qual é o sentido de se cobrar impostos dos contribuintes para pagar o salário de promotores, juízes, escriturários, secretárias, escrivães, oficiais de Justiça, entre tantos outros, que fazem o Judiciário existir? Se os órgãos repressivos deixam os criminosos impunes e não dão segurança para os "pais de família", por que não são extintos e substituídos por outras soluções mais satisfatórias?

Essas perguntas não são levantadas pelo jornal. Ao invés de procurar saber o que está acontecendo de errado com um sistema que tira os "pais de família" da frente da televisão e os transforma em "justiceiros", o meio de comunicação aprova a execução, parabeniza os executores e "julga" os suspeitos. "Notícias Populares" considerou os dois acusados culpados, inocentou os justiceiros e deu o caso por encerrado. Nem Salomão faria melhor.

Esse é o posicionamento político do jornal. Mas há também uma outra postura, de ordem psíquica. "Notícias Populares" não se preocupou somente em informar que Robério Ferreira Azevedo, 30, e Marcelo Nunes Souza, 17, foram mortos a tiros por desconhecidos. O jornal atuou também como instância moral, figura autoritária dotada de uma atribuição punitiva ("explodiram o crânio do marginal"). Os dois suspeitos se tornam a "vítima emissária" ideal, para a descarga da pulsão sádica ("morreu na merda"), assim como o texto vai reforçar a idéia de "lição moral" ("não vão encher o saco de mais ninguém", "morreu entre um monte de fezes").

Quero dizer, com essas observações, que o conjunto manchete/narrativa perde a conotação jornalística/informativa no momento em que, por intermédio da linguagem-clichê, decide também punir os transgressores. Lendo o texto com atenção, se torna evidente que não se trata somente da contaminação do opinativo sobre o informativo. A reportagem não traz somente a opinião de um articulista que apóia a morte de "bandidos", mas revela uma amplitude significante que ultrapassa a conjuntura informação/opinião. Vai muito mais longe no propósito de fazer justiça, de impor a lei, de agir sádica e violentamente contra os supostos transgressores. A divisão teórica "texto informativo/texto opinativo" é empobrecedora. E quando utilizada na análise de produtos informativos, como um jornal sensacionalista, por exemplo, deixa o pesquisador se sentir como naquela velha expressão, tentando tapar o sol com a peneira, tantos são os elementos que se interpõem na construção da mensagem.

Em sua edição de 20/4/91, "Notícias Populares" saiu com a manchete: "Corno Dá 30 na Mulher Galinha", "durante dois anos, dizia a linha fina, a tarada enfeitou a sua cabeça. Um dia, ele resolveu acabar com a humilhação".

Texto: "O comerciante José Maria de Freitas, 31 anos, lavou a honra com sangue. Matou a mulher, Olinda Barbosa de Freitas, 28 anos, com 30 facadas, quatro delas no peito e uma no pescoço (...).

"Depois de retalhar Olinda, José Maria tentou fugir, mas foi agarrado por vários populares e por pouco não foi linchado. O espancamento só parou porque uma equipe da Polícia Militar chegou e tirou o assassino das mãos dos espancadores.

"Em seu depoimento na polícia, José Maria contou que matou Olinda porque a mulher, com quem era casado há 10 anos, e tinha dois filhos passou a traí-lo 'descaradamente' nos últimos dois anos. José disse que chegou a pegar a mulher em flagrante saindo de um motel com o amante. Chamou a atenção dela, mas Olinda continuou botando chifre nele.

"Sempre que saía de casa para se encontrar com o amante, de madrugada, Olinda dava a desculpa esfarrapada de que estava indo ao médico. José Maria foi engolindo a história. Só que as consultas passaram a ser quase rotineiras. Ele estranhou que a mulher precisasse ir duas vezes por semana ao médico e, pior ainda, de madrugada, e passou a segui-la. Foi aí que descobriu que estava sendo passado para trás pela safada.

"Um dia antes do crime, José Maria seguiu Olinda que foi se encontrar com o amante na porta de um hotel na cidade. Não conseguiu se conter e matou a mulher com 30 facadas".

A manchete de página interna informa: "Retalhou a Mulher Galinha". Linha Fina: "Dois anos suportou o peso do chifre que ela colocou na sua testa, mas lavou a honra com 30 facadas".

Neste exemplo, o equilíbrio informativo do texto é quebrado pela intoxicação da linguagem-clichê, que apela para expressões como "lavou a honra com sangue", "passado para trás pela safada", "continuou botando chifre nele" e desta forma visa forçar a empatia pretendida.

A abordagem da notícia passa novamente por circunstâncias extra-informativas, extra-opinativas. O leitor deste trabalho pode argumentar que, ao contrário do que foi dito, a matéria é meramente opinativa. A opinião que o texto expressa é a de que mulheres infiéis devem mesmo ser mortas e que o marido estava certo ao "lavar a honra com sangue". Seria um texto, de inspiração machista, como tantos outros que a imprensa sensacionalista costuma publicar.

Deve-se concordar que a reportagem não é só informativa, opinativa, como também algo mais. O texto resgata uma suposta moral que tinha sido perdida pelos participantes da tragédia familiar. O marido teria sido imoral por ter aceito a traição e ter se calado por dois anos; a mulher, por ter um amante e agir "descaradamente". O crime pune a transgressora, "lava a honra" daquele que foi humilhado e instaura a "ordem".

Igualmente nesta matéria a designação de "texto opinativo" se revela precária. Não há somente a opinião "machista" do jornal, mas a proposição de uma "ordem moral" sem maridos traídos e mulheres infiéis. Quando esta "ordem" é rompida, os transgressores precisam ser punidos. O jornal cumpriu a sua parte como superego acessório ao "chamar a atenção" do marido, qualificando-o de "corno". No texto, ele é redimido e passa a ser chamado de "comerciante" e é idealizado como um homem paciente, que já havia "chamado a atenção" da mulher infiel e que, por causa de dois anos de humilhação, "não conseguiu se conter" e a matou "com 30 facadas". A mulher cai em desgraça e só é "redimida" no crime. Enquanto viva, ela era "galinha", "safada", "descarada", "tarada". Sua morte restaura a "ordem" e reforça a "lei". Morta, ela não oferece mais perigo, não é mais fator de perturbação.

Como superego acessório, "Notícias Populares" pune o traído e a infiel, mas o primeiro "se salva" pelo castigo que impôs à transgressora, enquanto que a "salvação" da segunda se processa pela morte, ensaio de desrecalque bem concluído.

Ainda como superego acessório, o jornal torna a instância moral também base de valor de troca. A compra excede o valor de uso, porque não é somente a notícia que interessa ao leitor, mas a linguagem, a forma como a notícia é transmitida. Na linguagem-clichê, o leitor vai rever suas fantasias e se satisfazer, por procuração. Ao punir a mulher que o traiu, com a utilização de uma linguagem agressiva, o meio é o meio do leitor "revisitar" seu inconsciente, onde fantasias semelhantes (de punição, vingança, homicídio, adultério) se encontram "adormecidas".

A edição de 16/8/90 de "Notícias Populares" foi publicada com a manchete: "Pagou Crimes com Aids", "peste castiga bandido sem dó". A capa era ilustrada com uma foto de um rapaz de olhos arregalados e boca entreaberta. A legenda informa que "Anderson Moisés Gomes tem 21 anos. Ele agonizava ontem no chão da Delegacia do Capão Redondo".

A reportagem ocupava dois terços da página 6. Era ilustrada com a foto do detento — aberta verticalmente e relatava que Anderson Gomes tinha ficado preso com outros 75 detentos das celas do 17º. DP: eles "ainda não foram julgados, mas podem estar condenados à morte lenta e dolorosa". O jornal informava como a Aids podia ser transmitida, "uma das formas (...) é pela relação sexual, principalmente quando se transa pelo ânus".

Depois de constatada a doença, o preso tinha sido "colocado no chão — no "chiqueirinho" e transferido para o Hospital Penitenciário. A manchete de página dizia: "Aids devora bandido aos pouquinhos", a linha fina falava em "múmia viva" que "agonizava na cadeia". O boxe intitulava-se "Via Sacra da Morte", e acrescentava outras informações:

"Anderson Moisés da Silva Gomes tem Aids e sabe que está condenado à morte. E isso vai acontecer antes dos 4 anos que ele tem que puxar de cadeia por furto.

"Quem ainda não sabe disso são seus filhos e sua mulher — Vanessa Alcântara de Oliveira, de 19 anos. Vanessa foi presa junto com Anderson. Ela está no 22º. DP. E pior, Vanessa pode estar com Aids. E ela nem desconfia disso.

"O delegado Hélcio Barbosa, do 47º. DP, vem tentando interná-lo numa clínica desde o dia 9, quando ele foi levado ao Hospital Penitenciário.

"Anderson foi então para o Hospital Piratininga, onde tomou soro durante 5 dias. No quinto dia, ele foi levado de volta pra Penitenciária. Mas novamente não havia vaga.

"O delegado tentou então o Hospital Emílio Ribas. Mas aí se deparou com um muro burocrático. Os presos só podem entrar no Emílio Ribas quando são transferidos da Penitenciária.

"Só ontem Anderson conseguiu uma das 84 vagas no Hospital Penitenciário. Está lá junto com outros 37 aidéticos. Segundo o diretor do hospital, Haley Nunes da Silva, 'Anderson tem no máximo um mês de vida'".

A idéia da morte funciona neste exemplo mais como *advertência*, do que como *espetáculo*. A morte do outro, do "bandido", serve como demonstração de força, que se conecta com uma "instância maior" (Deus?) e instaura a justiça implacável. O jornal diz, sem dizer, que Anderson Gomes, por ser "bandido", merece morrer e pior para ele se essa morte é decorrência da Aids. O "Pagou o Crime com Aids" da manchete é informação ou advertência moralizante? Não é informação, porque isso só aconteceria se, por exemplo, o criminoso tivesse sido condenado à morte por contaminação induzida do vírus da Aids. Não foi o caso. O detento, de 21 anos, foi preso com outras 75 pessoas, numa situação de promiscuidade absoluta e desrespeito à vida. Depois de preso, passou a ter os sintomas da doença.

O texto, salvo alguns deslizes, passa informações importantes e revela a precariedade do sistema carcerário, dos problemas burocráticos que impedem a transferência de um detento aidético para um hospital, da forma de transmissão da doença, entre as mais importantes. Mas as manchetes e as linhas finas, ou seja, a evidência do trabalho editorial, são implacavelmente punitivas:

"AIDS DEVORA BANDIDO AOS POUQUINHOS"

A manchete sádica transmite uma pulsão vingativa, violenta, homicida, baseada em contexto popularesco. Há pessoas que, quando se defrontam com um crime chocante, costumam dizer que gostariam de matar o criminoso "aos pouquinhos", "arrancando a orelha, o nariz, os dedos, as unhas...", num requinte descritivo perverso que se assemelha (ou supera) o "modus operandi" do criminoso.

A manchete de "Notícias Populares" não se refere a nenhuma notícia em particular; trata-se de uma pretensa lição de moral, baseada em um conservadorismo indecoroso. O jornal faz um "linchamento" de uma vítima emissária, descarregando sobre ela pulsões sádicas. Um dos deslizes do texto conduz novamente ao messianismo, ao juízo final. Os homens "não foram julgados, mas podem estar condenados à morte". Não a uma morte qualquer, mas "lenta e dolorosa".

"Os grandes criminosos são assim, literalmente, os bodes expiatórios da coletividade" [11].

O leitor, que até aqui manteve inabalável sua desconfiança com relação ao conceito proposto de superego acessório, deve se render às evidências. O jornal sensacionalista não está informando coisa alguma com a manchete "Pagou Crime com Aids", mas meramente vingando o leitor e a sociedade, por procuração. O social, sugerido pelo jornal, adota a pena de morte que é executada por "pais de família" e por uma "instância maior" do "aqui se faz, aqui se paga". "Notícias Populares" tranqüiliza seus leitores com a notícia de que um "bandido" se transformou em "múmia viva" que "agoniza na cadeia", mas, mais do que isso *adverte* — por se atribuir *status* de instância moral, policial, acessória — que o mesmo poderá acontecer com você, leitor, caso a lei seja transgredida. O jornal não informa qual o crime que Anderson cometeu. Fala, aleatoriamente, em "crimes". Essa informação não pode fazer parte do texto, porque absorveria e reduziria o impacto almejado. O crime é o crime, concretizado ou desejado, é toda transgressão, a quebra da "lei", a profanação, o apelo instintual, tudo aquilo que torna o homem "doente de si mesmo".

Assim, o jornal pesquisado atua também como *disseminador de uma moral conservadora, aparecendo como superego socializado,* por se impor no social, graças a sua localização mediática. Superego de papel, reforça e remodela o conteúdo de seu equivalente, introjetado no leitor. Superego "maleável", recusa e condena a exigência pulsional, julga e incrimina, sob o olhar de aprovação de Thanatos.

---

11. MORIN, E. *L'Esprit du Temps*. Op.cit.

3
O CASO DO BEBÊ-DIABO

"Notícias Populares" pode não ter uma história de grandes reportagens, "furos" e pautas especiais, mas ostenta a fama de ser o jornal que perpetrou a maior "cascata" da história da imprensa brasileira, não tanto por uma característica de ebulição alarmista, e sim pela "autonomia de vôo". O diabo, ou melhor, o filho do diabo, foi manchete de "Notícias Populares" por 22 edições, de 11 de maio de 1975 a 1º. de junho de 1975, trazendo nesse período a opinião e o testemunho de padres, exorcistas, médicos, feiticeiros, astrólogos, taxistas...

A história foi criada para preencher a lacuna de um plantão de sábado sem *fait divers* de impacto, como conta o então secretário de Planejamento, José Luiz Proença:

"Foi tudo inventado. Um repórter da 'Folha', Marco Antonio Montadon, foi ao ABC, em São Paulo, checar uma pauta. A pauta era furada e ele fez uma crônica. Era um sábado à tarde. Estávamos completamente sem assunto, sem manchete para a primeira página. Por isso aproveitamos a matéria e o NP saiu com a manchete: 'Nasceu o Diabo em São Paulo'. No dia seguinte, a circulação ligou para a redação e perguntou o que tinha acontecido. 'Não tem mais nenhum jornal nas bancas', eles disseram. Decidimos continuar com o assunto. Saímos com uma suíte, e a partir daquele momento, perdemos o controle do processo. Vinham telegramas, cartas e ficou uma coisa codificada entre o leitor e o jornal. Ficamos 22 dias com o bebê-diabo de manchete. Na cola do bebê-diabo, apareceu a loira fantasma".

Proença justifica o procedimento do jornal e diz que não houve maldade. "Foi uma pauta furada que um jornalista transformou em crônica.

Foi involuntário. A gente se torna veículo dessas histórias que correm marginalmente à grande imprensa" [1].

O jornal não dá nomes (nem os inventa), se refere sempre à possibilidade de toda a história ser um boato, mas, ao mesmo tempo, reforça as matérias com testemunhos eloqüentes e descrições do bebê-diabo que se parece com "aquelas telas de artistas famosos". O bebê-diabo é "horrível", tem "atitudes malignas" e "espírito maquiavélico". O ambiente é de "terror" em São Bernardo, onde "crianças não são mais vistas brincando nas ruas". Operários, domésticas, taxistas dão depoimentos do gênero: "Eu vi o bebê-diabo". O jornal faz o bebê-diabo fugir do hospital. Mais tarde, ele aparece em uma clínica particular, onde poderia receber visitas. Haveria até regras especificando como o público deveria se comportar: "as visitas deverão estar munidas de um crucifixo" e se dizia que era "proibida a entrada de pessoas com problemas cardíacos". Seria organizada também uma procissão para expulsar o bebê-diabo da cidade. Dia após dia, "Notícias Populares" conseguiu encontrar assunto para manter o diabo na manchete e destacar o assunto em longas reportagens especiais nas páginas internas, tendo como "fonte de alimentação" o próprio imaginário dos leitores que, com sua atitude ingênua, crédula ou egocêntrica, se predispuseram a compactuar com a farsa.

Se do ponto de vista de produto, o bebê-diabo se mostrou uma "cascata" lucrativa, um "hit" de mercado, com a circulação ligando para a redação, tentando entender por que o jornal não tinha encalhe naquela edição de 11 de maio de 1975, do ponto de vista jornalístico não estava se fazendo nada de original, mas somente adaptando uma história que tem uma reputação secular bem-sucedida.

Em "Histoire des Faits Divers", é mencionado que relatos referentes ao nascimento do "diabo", ou de "filhos do diabo", remontam aos séculos XII e XIII. Em 1271, há a referência de uma mulher que teria "dormido" com o diabo e dado à luz um menino com cabeça de gato. Outra, em 1531, teria gerado uma cabeça de homem, uma serpente com dois pés e, enfim, um porco. Por volta de 1540, fala-se no garoto monstro da Cracóvia que teria tromba, rabo e minúsculas cabeças ameaçadoras, incrustadas em seus membros. Romi lembra que "intermináveis discussões eruditas se engajaram em torno da origem das crianças monstruosas e da atitude geradora dos demônios masculinos, os incubos". Romi assinala que "a fim de condenar sem remorsos as mães de monstros", um juízo da Sorbonne, expedido em 1318, considera que a ação dos incubos "deve ser vista como inegável".

Ausente da Igreja nascente nas catacumbas, o diabo "cristão" começa a tomar forma (tal como o conhecemos hoje) com o surgimento dos grandes espaços de culto. São Gregório, no século VI defendia a pintura das igrejas "a fim de que aqueles que ignoram as letras, leiam nas paredes aquilo que

---

1. PROENÇA, entrevista concedida ao autor. Op. cit.

não sabem ler nos livros". No século IX, Walafrid Strabo usava argumento semelhante, dizendo que "a pintura é a literatura do iletrado"[2].

"Universo em redução, a fachada dos santuários e das catedrais toma logo o aspecto de um veritável livro de imagens, compreensíveis e assimiláveis a todos os níveis de intelecto"[3].

A representação do diabo nas igrejas resulta em "monstruosidades e taras corporais imediatamente reconhecíveis, trazendo desvantagem para os demônios: cabelos eriçados, asas cindidas de morcegos, cascos e pés bifurcados, bocas retorcidas e vértebras salientes (...) Satã transforma o santo lugar em um *pandemonium*, atraindo os olhares, interrompendo as rezas. O pecador que entra de passagem, para se distrair, escreve Stendhal a propósito da catedral de Strasbourg, 'deve sair com o coração aflito com pavor do inferno"[4].

O autor de "La Beauté du Diable", observa que a igreja se contentava em fornecer "instruções gerais", recomendando de se acentuar determinada "particularidade terrificante, de insistir sobre a constante deformidade e a incomparável feiúra dos demônios, que, depois de Santo Anselmo, passam a ser o reflexo do pecado". Villeneuve continua dizendo que a partir de "bestiários e outros compêndios especializados" pintores e escultores encontravam caminho aberto para deixar vagar sua imaginação, tomando ainda como inspiração a ourivessaria e ornamentos árabes, os trabalhos de pedras-preciosas greco-romanas e as pinturas em seda do Extremo-Oriente. "A idade média se banha na fantasmagoria", assinala Villeneuve, lembrando que seus artistas ressuscitam Suméria, Babilônia, combinando a seu bel-prazer os grotescos, os híbridos e as máscaras inscritas sobre sinetas e gradis, "salvos das invasões bárbaras ou tirados dos santuários bizantinos"(...)[5].

"Basiliscos, grifos, dragões, sereias, esfinges e quimeras invadem rapidamente as margens de livros de ofício, salmos, missais e outros evangélicos" (...) O diabo, pintado nas igrejas, "trai uma origem mediterrânea", com seus cornos e cascos que lembram "Pã, Dionísios e sátiros", cujos tributos foram também, por sua vez, "emprestados de certas figuras sagradas do Paleolítico" (...)[6].

O percurso do diabo, ao longo dos séculos, sofreu alterações. Suas primeiras vítimas eram monges solitários que buscavam a ascese no deserto. Mais tarde, houve "uma epidemia de bruxaria nos séculos XV e XVI. Depois, chegaram à cena européia os possessos. Nossa época, foi finalmente, a época do diabo ausente ou folclórico"[7].

---

2. VILLENEUVE, Roland. *La Beauté du Diable*. Paris, Berger-Levrault, 1983.
3. 4. 5. e 6. Idem, ibidem.
7. THOMAS, Pascal. *Le Diable, Oui ou Non?*. Paris, Centurion, 1989.

O diabo que vai aparecer em "Notícias Populares" não parece muito crédulo de si mesmo. É um diabo que sofreu a corrosão do tempo e para que sua presença seja notada é preciso que, ao mesmo tempo, haja a convivência com o descrédito. O jornal informa que nasceu o diabo (ou o filho do diabo, curiosamente, o filho às vezes se mostra também o pai), mas desmente a notícia.

"NASCEU O DIABO EM SÃO PAULO", diz a manchete de página interna, igual à manchete da capa, numa repetição proposital que parecia regra no NP daquela época.

Texto: *"Durante um parto incrivelmente fantástico e cheio de mistérios, correria e pânico por parte de enfermeiros e médicos, uma senhora deu à luz num hospital de São Bernardo do Campo a uma estranha criatura, com aparência sobrenatural, que tem todas as características do diabo, em carne e osso. O bebezinho, que já nasceu falando e ameaçou sua mãe de morte, tem o corpo totalmente cheio de pêlos, dois chifres pontiagudos na cabeça e um rabo de aproximadamente cinco centímetros, além de olhar feroz, que causa medo e arrepios.*

"Parece que tudo começou na Semana Santa, quando o marido da mulher, que é muito religioso, convidou-a para ir à igreja ver a procissão. A mulher, grávida, bateu com a mão na barriga, e respondeu indignada:

— Não vou, enquanto este diabo não nascer.

"E foi o que realmente aconteceu. A mulher acabou tendo como filho um monstrinho horripilante, peludo, que ao falar, mais parece que está mugindo.

"Inicialmente, há quinze dias atrás, quando os boatos começaram a surgir, poucos acreditavam na história absurda do nascimento do capeta em São Paulo, mas pouco a pouco, os comentários aumentaram e agora, principalmente em São Bernardo do Campo e cidades do ABC, ninguém mais duvida da existência do monstrinho diabólico. E as pessoas já começam a procurar os hospitais, tentando vê-lo de perto, para confirmarem suas suspeitas.

"Entretanto, segundo as autoridades médicas, não foi registrado nas últimas semanas nenhum nascimento de alguma criança com problemas congênitos ou anomalias pavorosas. Mesmo assim, até telefonemas de Brasília e outras cidades estão chegando em São Bernardo, de pessoas que perguntam como o Diabo é, o que ele come e como é a sua aparência. Tudo, logicamente, desmentido pelos funcionários.

"O Diabo é feio.

"Como aquelas telas de artistas famosos que pintaram o Diabo, o boato de São Bernardo é que o monstro ali nascido é simplesmente horrível, com atitudes malignas e espírito maquiavélico.

"Se ele não for o Diabo, só pode ser seu filho. Onde já se viu uma criança ter chifre, pêlo e rabo? Isto veio do Inferno.

"O Hospital São Bernardo, onde se acredita que o Diabo esteja escondido, encontra-se em fase de construção, sendo que a maioria de seus clientes é do INPS.

"O médico Fausto Figueira Mello Júnior, que ao lado de 12 colegas o dirige, afirmou que dos 15 partos diários, todos são praticamente normais:

— Aqui não nasceu nenhum diabinho.

"Por outro lado, o diretor administrativo, Roberto Saad, é de opinião que tudo isto não passa de uma piada de mau gosto, contra o hospital:

— Ninguém é culpado se algum dia nascer alguma criança com anomalia congênita e isto, garanto, seria do conhecimento de todos. Tanto do público, como da imprensa, pois não há o que esconder. Pelo menos, ficaríamos livres dos cansativos telefonemas, perguntando pelo diabinho.

"Desmentido".

"Parece, porém, que o crescimento do boato e a credulidade de algumas pessoas chegou a preocupar o secretário da Promoção Social, Enzo Ferrari. Ele, após percorrer todos os hospitais daquela cidade, distribuiu uma nota oficial, desmentindo o boato, dizendo que em São Bernardo do Campo não existia nenhum bebê-monstro.

"Entretanto, a própria preocupação do secretário aumentou em algumas pessoas a crença de que o Diabo existe e está disposto a fazer cumprir as profecias satânicas, aumentando o mal na Terra.

— E os primeiros a serem atingidos serão os moradores de São Bernardo do Campo, disse uma senhora, fazendo o padre-nosso, defronte ao Hospital São Bernardo, onde se encontrava, com os olhos demonstrando muito medo.

"Mesmo com o sr. Roberto Saad desmentindo, dizendo que no berçário não existe nenhuma criancinha com deformação, a população está em alerta. O capeta, nascido do ventre de uma mulher que não quis ir à procissão na Semana Santa, estaria disposto a matar a própria mãe, dizendo isto logo após nascer.

"Assim, aquela que de início era uma estranha e absurda história, agora tomou corpo e chega a preocupar as autoridades daquele município. Os telefonemas continuam. Nas esquinas e nos bares o assunto é só sobre o capetinha e muitos insistem em que os responsáveis pelo hospital onde ele nasceu, deveriam colocá-lo em exposição, para que todos vissem o bebê que fala, tem chifres e um bonito rabo de cinco centímetros."

Produto jornalístico sem substância, as principais informações são sonegadas, a começar pelo nome da mulher e do marido, a matéria agrada o leitor por seu tom familiar, compadresco, reforçada pela forma e pelos elementos jornalísticos. O jornal assume a "cascata", mas "respeita" a incredulidade do leitor, trazendo o depoimento "erudito" do médico e do administrador do hospital, que desmentem a notícia e ao desmenti-la lhe dão veracidade. Não se pode esperar outra atitude de discurso erudito, senão o desmentido. Igualmente, não se pode esperar outra posição do leitor, senão a de *não* acreditar no desmentido oficial. Se a notícia viesse isolada, solta, sem o contrapeso científico, possivelmente, teria provocado um impacto menor. Mas, quando acompanhada pelo descrédito, sapiente, sugere desconfiança, porque tudo que é oficial parece vir acompanhado de uma desconfiança *natural*. Por isso, parece contraditório, mas a matéria deixa de ser absurda, quando o leitor é informado que um secretário da Promoção Social também está se preocupando com o assunto, constatação até mesmo expressa no texto: "a própria preocupação do secretário aumentou em algumas pessoas a crença de que o Diabo existe e está disposto a fazer cumprir as profecias satânicas".

A lógica do leitor escorrega pela sinuosidade do desmentido erudito e a preocupação governamental. "O que eles estão querendo esconder agora?" É a pergunta que o leitor se faz ao perceber outros interesses envolvidos. A "nota oficial desmentindo o boato" estabelece o vínculo entre a mensagem do jornal e o leitor, a "história absurda" deixa de ser tão absurda assim e o veículo sensacionalista passa a explorar a sabedoria popular que assegura "um fundo de verdade" em "todo boato".

Resumo do ciclo do diabo:

Na edição de *segunda-feira, 12/5/75,* os leitores de "Notícias Populares" são informados de que o bebê-diabo desapareceu depois de rasgar "diversos travesseiros com os chifres" e assustar as enfermeiras ao pedir para que elas fechassem a janela: "Ou fecham ou eu mato a todos...", teria dito o bebê-diabo, "diante dos olhares assustados das funcionárias".

Terça-feira, 13/5/75: "Feiticeiro irá ao ABC expulsar o bebê-diabo" era a manchete daquela edição. A reportagem contava uma longa história de um exorcismo, praticado por um leigo em Ipauçu, interior de São Paulo. Segundo o jornal, "o diabo afastado daquela localidade" teria aparecido agora em "forma de bebê".

Quarta-feira, 14/5/75: A situação se complica. Uma operária, "a mais exaltada num grupo de curiosos que se postava defronte ao Hospital de São Bernardo" afirma que aceita a argumentação dos médicos, mas "a verdade é que eles não querem compreender que queremos mostrar a nossos filhos o pecado de uma mulher que não aceita o próprio filho que gera". Dona Maria Aparecida, "operária de uma tecelagem em Rudge Ramos, diz que 'tudo é castigo de Deus. Ninguém pode rejeitar aquilo que a Natureza lhe deu. Seja um filho, uma doença qualquer, deve-se aceitar tranqüilamente'. Inconformada, ela demonstra sua curiosidade: "que isso aconteceu, aconteceu. Por que, então, eles não o mostram?"...

Quinta-feira, 15/5/75: "Bebê-diabo infernizapadre". Danilo Ravanello, pároco da Igreja Nossa Senhora da Boa Viagem acha que "tudo é fruto da imaginação", mas assegura que "as vítimas preferidas do diabo são os homens". Ravanello explica que "problemas como de homossexualismo ou mesmo de tara são gerados quando o demônio toma conta de uma pessoa". O padre confessa que "esse diabo está infernizando a minha vida" e diz que não consegue atender a todos os que o procuram com medo do demônio.

Sexta-feira, 16/5/75: "Nós vimos o bebê-diabo". O jornal traz o depoimento de Prudência Antônia Pereira, 72, doméstica, que afirma ter se avistado com o bebê-diabo e o descreve: "tinha dois pontiagudos chifres, pés virados para trás e os olhos vermelhos. Muito vermelhos mesmo. Quando me aproximei, ele nem sequer notou minha presença. Não quis ficar com a roupa que lhe colocaram e quando não entendiam seus desejos rosnava como cachorro. Era horrível. Constantemente, brincava com a coberta, colocando-a nos chifres. Depois, limpava as unhas com o próprio rabo. Se não bastasse isso, exigia que as enfermeiras o colocassem no colo constantemente". Prudência aproxima-se do bebê-diabo e pergunta seu nome; "ele se virou com um reflexo incrível e me informou: — a senhora não sabe?"

Sábado, 17/5/75: "Notícias Populares" faz a promessa: "o Povo vai ver o bebê-diabo". O jornal "informa" que o bebê-diabo foi transferido para uma clínica particular" e algumas regras devem ser seguidas por aqueles que desejam participar da visita: "1) Proibida a entrada de menores de 18 anos; 2) As visitas deverão estar munidas de um crucifixo; 3) Evite conversar com o "bebê-fenômeno" para não ouvir respostas obscenas; 4) Proibida a entrada de pessoas com problemas cardíacos; 5) O hospital não se responsabiliza pelos visitantes que forem tomados de possessões demoníacas".

Domingo, 18/5/75: O bebê-diabo comemora uma semana na manchete do NP. O jornal fala de grupos de pessoas que estavam rezando "em diferentes partes do ABC", para "expulsar o demônio daquela região". Trazia ainda o depoimento de um suposto médico que dava uma explicação "científica" para o nascimento do bebê-diabo: "Está fora de dúvida que ela (a mãe do bebê-diabo) prejudicou, por reflexo, com descargas magnéticas negativas o próprio feto" ao dizer "por causa desse diabinho não posso ir dançar". Um boxe fala de "missa negra", "trindade demoníaca", "feitiçaria" e "igreja satânica".

Segunda-feira, 19/5/75: "Viu o bebê-diabo e ficou louca". Segundo "Notícias Populares", Iracema Ferreira dos Santos, de 43 anos, casada, residente na rua B, Vila Nova Conceição, foi internada às pressas com fortes acessos de loucura". Iracema teria se avistado com o bebê-diabo "que lhe aconselhou coisas estranhas com uma voz que mais parecia um mugido de animal feroz". Depois disso, "a fraqueza espiritual e a falta de controle emocional provocaram em dona Iracema visíveis sintomas de loucura". A foto de "dona Iracema" tem retoques primários. Há ainda "um advogado do diabo", a opinião de um monsenhor que assegura que os demônios "encarnam mais nas mulheres do que nos homens".

Terça-feira, 20/5/75: Um desenho do bebê-diabo ocupa um terço da dobra superior de "Notícias Populares", tem chifres, pêlo e cabelo eriçado. Sob a manchete: "São Tomás previu bebê-diabo do ABC". O jornal lembra a afirmação de Tomás de Aquino para quem "o diabo do gênero súcubo e íncubo pode ter relações sexuais com os vivos, podendo inclusive engravidá-los". O jornal trazia ainda o depoimento de um "irmão exorcista" que se considerava um homem equilibrado e que apregoava que estamos vivendo o Apocalipse: "o fim do mundo". Outro boxe mencionava que o bebê-diabo tinha aparecido em Santos, "no fim de semana".

Quarta-feira, 21/5/75: Desta vez, o bebê-diabo é visto "nos telhados das casas do ABC". Uma mulher testemunhava: "Era ele sim, tenho certeza. Vi com meus próprios olhos. Ele parecia louco, pulando os telhados, fazendo desfeita para a Lua". Em um boxe, o jornal noticia que outro bebê-diabo havia nascido em Lençóis Paulista, interior de São Paulo. Trazia ainda mais um caso de exorcismo italiano.

Quinta-feira, 22/5/75: Uma carta de um "médico", "anônima", dava detalhes do "aspecto físico do recém-nascido", que tinha a pele "bastante rosada" e "outra característica singular: uma como que penugem pilosa mais macia sobre os ombros e ao longo da coluna, desde a região cervical ao terminal lombar, onde a pelosidade (sic) era mais densa, surgindo a idéia de cauda incipiente". Além dessas "características singulares", o bebê tinha ainda outra "característica invulgar, duas saliências na região frontal, formações ósseo-patológicas de etiologia ainda desconhecida". A matéria fala que a parturiente "desfaleceu" ao "receber o filho em seus braços". O pai, "dizendo-se esposo da paciente", disse "com voz grossa": "Não sei por que o trouxeram para cá. Meu filho não devia ter nascido neste meio". Segundo o jornal, todos os protagonistas desapareceram, o missivista anônimo afirma que "esta carta é um protesto sonoro" e assegura que "essa infeliz criatura é fruto da união de uma mulher normal e de um hiperpiloso cometido de uma anomalia osteocefálica". No boxe, um motorista diz ter transportado o bebê-diabo de Lençóis Paulista e, em outro boxe, mais uma descrição de exorcismo ocorrido na Itália.

Sexta-feira, 23/5/75: Um homem que se diz "profeta do diabo" é manchete da edição deste dia, afirmando que o diabo vai explodir o mundo em 1981. Além do profeta, um boxe se refere ao bebê-diabo de Lençóis Paulista e traz o testemunho de um administrador de uma fazenda que viu um bebê "dentro de uma jaula de vidro. Tinha as orelhas pontiagudas e pés que mais pareciam de cabrito". Outro boxe, refere-se aos "adoradores do diabo" dos EUA.

Sábado, 24/5/75: Demonstrando um fôlego surpreendente, "Notícias Populares" prossegue com a história, no ritmo de uma matéria especial por edição. A manchete desse dia traz o depoimento de um taxista que foi parado pelo bebê-diabo. O motorista freou o carro e, quando viu, "estava ao lado do bebê-diabo" que queria ser levado, obviamente, "para o inferno". O motorista disse que saiu correndo com seu carro e precisou beber um copo de água com açúcar, "tão assustado" ele estava. Os boxes de sustentação da página trazem mais depoimentos de pessoas que teriam visto o bebê-diabo e também de um certo "arcebispo" da "Igreja Católica Ortodoxa Americana" que lembra que a vinda do bebê-diabo foi prevista por Nossa Senhora de Fátima em 1917.

Domingo, 25/5/75: O bebê-diabo completa duas semanas de manchete. Nesta edição, o jornal fala que um fazendeiro de Marília, interior de São Paulo, é o pai do bebê-diabo. O fazendeiro tinha "dois chifres na testa". O jornal traz fotos, feitas à distância com uma teleobjetiva, de um homem de chapéu subindo em uma carroça. A legenda "informa" : "Ao perceber a aproximação do fotógrafo, o pai do bebê-diabo subiu em sua carroça e desapareceu da cidade".

Segunda-feira, 26/5/75: "Bebê-diabo viaja para ver o pai". O assunto se mostrava esgotado. A cena se deslocava para Marília, onde um balconista dizia ter servido o bebê-diabo. Segundo o jornal, o bebê teria ido visitar seu pai "o fazendeiro Américo que tem dois chifres". Mesmo assim, dois boxes ainda fecham a página com vários depoimentos de pessoas que afirmam ter tido uma experiência pessoal com o diabo.

Terça-feira, 27/5/75: O bebê-diabo perde a manchete e se torna apenas uma chamada no canto esquerdo superior da primeira página: "Bebê-diabo aparece no lugar do eclipse". Mesmo assim, o espaço interno continua ocupando dois terços de uma página. Nessa edição, o jornal fala de "bispos" e "padres" de seitas periféricas que atestam seu desejo de "duelar com o bebê-diabo".

Quarta-feira, 28/5/75: A chamada na capa traz sete "bonecos" (fotos de pessoas mostrando o rosto e parte do tronco). Todos viram o bebê-diabo. A página 7 tem dois terços de seu espaço ocupado com o assunto. Cada suposta "testemunha" conta uma história diferente. Um viu o bebê-diabo "pulando de casa em casa", outro afirma tê-lo visto "num bercinho, com chifres na cabeça, rabo, pêlos no corpo", uma mulher fala que o avistou "trafegando por uma rua da cidade", outra menciona que o bebê "rosnava como um cachorro bravo".

Quinta-feira, 29/5/75: A chamada na capa recebe espaço mais reduzido: "Bispo morre de medo do bebê-diabo", e a matéria na página 7 aparece com pouco destaque.

Sexta-feira, 30/5/75: "Bebê-diabo arrasa com ritual umbandista", diz a chamada. Não há mais prioridade para o tema. As matérias não servem mais como abre de página e estão relegadas a pontos de pouco destaque visual.

Sábado,31/5/75: Uma pequena chamada próxima ao logotipo de jornal anuncia o fim do ciclo do bebê-diabo: "Fanáticos ameaçam bebê-diabo do ABC".

Domingo, 1º/6/75: É o fim do bebê-diabo. Depois de três semanas em cartaz, o jornal "mata" sua "criatura" com uma história rocambolesca de "fanáticos e religiosos" que "seqüestraram" o bebê-diabo, e agora vão "matá-lo de forma horrível num lugar distante e deserto de uma cidade da Grande São Paulo". O jornal "informa" ainda que o bebê-diabo será "amarrado a uma árvore" e queimado. "Assim, o bebê-diabo pode aparecer morto a qualquer hora".

O ciclo do bebê-diabo se encerrava, deixando atrás de si três semanas de reportagens especiais. Não há como colocar em dúvida a afirmação do secretário de Planejamento de "Notícias Populares" de que a história inventada passou por um processo de retroalimentação, levado a cabo pelos próprios leitores. Percebe-se, igualmente, que o jornal, em determinados momentos, não sabe mais o que fazer com o bebê-diabo que anda pelos telhados, toma táxi, viaja, passeia pela rua, enlouquece as pessoas...

A história tem momentos de repressão pulsional: "a mãe da criança da história ficou irritada porque não podia sair de casa, enquanto não desse à luz". Punitivos: uma mulher fala em "castigo de Deus" que deve ser aceito "de maneira conformista" mas, de uma forma geral o diabo de "Notícias Populares" se porta como um moleque, trepando em telhados e pregando peças nas pessoas (ao parar um táxi e pedindo para ser levado "para o inferno", por exemplo). Os depoimentos — salvo exceções — são pouco inspirados e repetitivos. O material à disposição de "Notícias Populares" possibilitaria reportagens mais intensas. Houve esforço de produção, sem dúvida, revelado nas duas semanas e meia de reportagens especiais, mas o sensacionalismo ficou na metade do percurso. O jornal parecia envergonhado do papel que estava desempenhando. A produção de especiais se fixava em "material frio" (textos redigidos a partir de reportagens de arquivo ou pesquisa) ainda que os leitores se empenhassem em "esquentar" as notícias. Em suma, o que se está querendo dizer aqui é que os leitores, possivelmente, esperavam muito mais do demônio. A principal arma diabólica — a tentação — era apresentada de forma dispersiva, sem o interesse que toda sedução evoca. Mesmo os relatos de exorcistas, dizendo que haviam "arrancado" o diabo do corpo dos possessos, eram desprovidos de emoção por se basearem em acontecimentos sem data e fora da "circunscrição", onde o diabo se encontrava naquele momento.

Thomas, em seu livro, mostra que parte do interesse que o diabo desperta nas pessoas deve-se ao fato de que ele tem "pontos de ancoragem" possíveis em nós; que é ativo, dinâmico e sedutor; que é diferente de nós, superando nossas capacidades e nossa compreensão; que é mantido à distância em princípio, graças à paz ou "ao discernimento e amor que vêm de Deus"[8].

Em "Uma Neurose Demoníaca no Século XVII", Freud coloca o demônio no lugar de "maus desejos rechaçados; ramificações de impulsos instintivos reprimidos". Neste ensaio, Freud faz um estudo das alucinações narradas pelo pintor Cristóbal Haitzmann, que dizia ter feito "contratos ilícitos com o demônio". O pintor vivia em uma ordem religiosa (Ordem de la Merced) e teve repetidos ataques "por parte do espírito do mal", como descreve o padre provincial, salientando que, nessas ocasiões, "o irmão bebia vinho com algum excesso". Haitzmann fez um contrato escrito com tinta preta e outro, posterior, com sangue.

Nesses contratos, Freud observa, o pintor entregava a sua alma sem aceitar em troca dinheiro, poder mágico e prazer, mas apenas para se ver livre da pressão que o impedia de trabalhar, depressão que o extenuava, depois da morte do pai dele. No contrato escrito com sangue, Freud chama a atenção para a frase inicial: "Ano 1669. Cristóbal Haitzmann. Me dou a Satanás e me comprometo a ser filho fidedigno e a entregar-lhe, dentro de nove meses, minha alma..."

O valor de troca contratual, segundo Freud, estabelece que o diabo passa a ocupar o lugar do pai do pintor, que tinha falecido. Freud prossegue dizendo que trata-se do caso de um "indivíduo que se vê atormentado por uma depressão melancólica e não sabendo a quem pedir ajuda, vende sua alma ao diabo, ao qual atribuiu máximo poder terapêutico".

Freud escreve que "o demônio da religião cristã, o diabo da Idade Média, era, segundo a mesma mitologia cristã, um anjo caído e de natureza igual à divina. Não é preciso muita penetração analítica para adivinhar que

---

8. THOMAS, Pascal. *Le Diable, Oui ou Non?*. Op. cit.

Deus e o diabo eram, em princípio, idênticos, em uma só figura, dissociada mais tarde em duas qualidades opostas".

Existiria então, segundo Freud, uma relação muito estreita entre a figura do pai e a projeção religiosa com Deus e o diabo.

Essa última investida nas teorias psicanalíticas demonstra a ancoragem pulsiva de personagem lendário, explorada *ad nauseam* por jornais populares, como se viu em páginas anteriores. Não houve originalidade, portanto, na iniciativa "cascateira" de "Notícias Populares", mas a adoção de fórmulas já referendadas, além de um reforço comprobatório de que o sensacionalismo representa, antes de mais nada, investimento pulsional.

Todavia, para aquele leitor que mantém inabalável sua confiança na existência do diabo e que, contrariamente ao que foi exposto neste capítulo, acredita realmente que o diabo ou o filho do diabo nasceu em um hospital de São Bernardo do Campo, numa tarde morna de maio de 1975, não é preciso se abalar com tudo de laico que foi dito aqui. Esse leitor crédulo, certamente sabe, como Baudelaire, que a mais bela artimanha do diabo seria a de nos persuadir de que ele não existiria.

CONCLUSÃO

O jornal sensacionalista, assim como o esportivo, tem lugar na divisão de mercado, mas isolado, colocado à parte, sem influência no contexto político. Os jornais mais respeitados, que "contam" nas principais capitais do mundo, assim como em Brasília, São Paulo e Rio, não são sensacionalistas.

A segmentação de mercado oferece um lugar secundário ao jornal sensacionalista, relegando-o a um público de baixo poder aquisitivo e formação cultural precária. Por esse motivo, um veículo assim caracterizado encontra dificuldade para obter anúncios e torna inviável a venda por assinaturas (refiro-me à situação verificada em São Paulo, durante a coleta de dados deste livro, realizada no trimestre julho-agosto-setembro/91). Essas duas soluções — assinaturas e anunciantes — que garantem a lucratividade e a sobrevivência da empresa jornalística moderna (uma vez que a venda em banca não cobre o custo industrial) não podem ser aplicadas aos veículos sensacionalistas, obrigando-os a depender apenas da venda em banca e de preferência amparados por uma estrutura empresarial de porte, com outros "carros-chefe" (jornais "sérios" que tragam anunciantes e garantam a venda por assinatura), como é o caso de "Notícias Populares", editado pela empresa "Folha da Manhã".

O futuro do jornal sensacionalista, aparentemente, estaria com os dias contados. Incapaz de atender às exigências do mercado, o jornal sensacionalista seria mantido somente até a exaustão dos recursos financeiros da empresa de suporte. No entanto, todo exercício de futurologia é arriscado e se baseia num emaranhado de hipóteses sempre discutíveis.

O que se pode dizer é que o sensacionalismo, apesar das mudanças de costumes, valores e ideologias, que ocorreram ao longo dos anos, tem conseguido garantir seu lugar entre os veículos de informação.

Na realidade, o sensacionalismo escapa à limitação de veículos específicos, para se estender e se extrapolar entre os jornais "sérios". Quando isso acontece, o meio de comunicação "adapta" a informação, segundo critérios e interesses específicos, havendo superdimensionamento do fato e estranhamento entre manchetes e textos, além de *sensacionalização*, propriamente dita.

O veículo informativo comum — é preciso deixar claro — só adota o sensacionalismo em casos excepcionais, quando há interesse do *publisher* em dar uma conotação "emocional" a um acontecimento, como por exemplo, quando um veículo faz "campanha" contra determinado candidato em período eleitoral.

O passo que determina o ingresso em terreno sensacionalista é a alteração de linguagem. Como também se verificou, a linguagem sensacionalista preconiza um envolvimento do objeto com o sujeito. O sensacionalismo não admite distanciamento e explora o conteúdo emocional da notícia. Busca a fusão com conteúdos recalcados, reivindicando acessos imediatos à esfera emocional.

Foi mostrada, com base no caminho teórico traçado por Lorenzer, Prokop e Marcondes Filho, a diferença entre a linguagem sígnica e a clichê. A primeira estabelece um filtro para as emoções fortes, pasteurizando as informações de forma que o público seja colocado ao abrigo do impacto do real. A miséria, a dor, a tragédia, a morte, são filtradas pela edição, de maneira a serem consumidas "digestivamente" pelo público. Desta forma, a linguagem sígnica demarca um distanciamento entre o sujeito e o objeto. Os meios de comunicação não-sensacionalistas utilizam principalmente a linguagem sígnica para passar seu conteúdo informativo, podendo ocorrer em alguns casos isolados "derrapagens" que conduzem a "contaminações" pelo clichê. Já o veículo sensacionalista opera principalmente com a linguagem-clichê e é esta a característica primordial que o distingue do informativo comum.

"Notícias Populares", como jornal sensacionalista, utiliza uma linguagem codificada que atende aos requisitos de seu público, linguagem esta amplamente discutível, mas que não comporta as acusações de que seria "imoral" ou proibitiva a menores, geralmente, afetados por problemas muito mais graves, como má-alimentação, abandono escolar, miséria familiar, lar dissolvido, entre tantos outros.

Ancorado no pêndulo transgressão/punição, o jornal sensacionalista analisado mostrou uma série de matérias que puderam ser divididas em dois grandes grupos: um deles foi chamado de "id personificado", enquanto o outro recebeu o nome de "superego acessório", com base nas obras de Freud e graças à terminologia estabelecida por Fenichel.

O valor de troca, desta maneira, não se baseia no produto "informação", mas vai mais longe. O jornal sensacionalista é "id personificado" por ser o meio de o leitor enveredar pelo inconsciente e o recalcado, realizando, por procuração, pulsões reprimidas. O jornal sensacionalista é "superego

152

acessório" ao propor medida inversa, atribuindo-se papel punitivo e moralizador, realizando esta tarefa para (e sobre) o leitor.

O meio sensacionalista, meio como extensão, se define então como instrumento punitivo e espaço de transgressão num jogo ambíguo, pendular, marcado por Thanatos e onde Eros se apresenta como simulacro, como sombra de sua própria imagem, ausência que denota a paisagem árida e asfixiante que caracteriza a mensagem sensacionalista.

BIBLIOGRAFIA

ANDRADE, Eurico. *Nós Queremos um Cadáver*. In: "Realidade", São Paulo, janeiro de 1968.

AUCLAIR, Georges. *Le Mana Quotidien: Structures et Fonctions de la Chronique des Faits Divers*. Paris, Anthropos, 1970.

BAILLON, Jean-Claude. *Complainters et Canards*. In: "Autrement" — *Fait Divers*. Paris, abril de 1988.

BATAILLE, Georges. *O Erotismo*. Porto Alegre, L&PM, 1987.

_____. *Théorie de la Religion*. Paris, Gallimard, 1973.

BAUDRILLARD, Jean. *La Societé de Consommation*. Paris, Denoel, 1970.

_____. *Simulacre et Simulation*. Paris, Galilée, 1981.

_____. *De la Seduccion*. Paris, Catedra, 1987.

_____. *L'Échange Symbolique et la Mort*. Paris, Gallimard, 1976.

_____. *L'Autre par lui-même*. Paris, Galilée, 1987.

_____. *Les Stratégies Fatales*. Paris, Grasset, 1983.

_____. *La Transparence du Mal*. Paris, Galilée, 1990.

BETTELHEIM, Bruno. *Psychoanalyse des Contes des Fées*. Paris, Robert Laffont, 1976.

BERGERET, Jean. *La Violence Fondamentale*. Paris, Dunod, 1984.

BLEULER, Eugen. *Dementia Praecox or the Group of Schizophrenias*. New York, International Universities Press, 1952.

CAILLOIS, Roger. *Instincts et Societé*. Holanda, Gonthier, 1964.

CANETTI, Elias. *Masse et Puissance*. Paris, Gallimard, 1966.

CAZENEUVE, Jean. *Les Rites et la Condition Humaine*. Paris, Presses Universitaires de France, 1958.

CHESMAIS, Jean-Claude. *Histoire de la Violence*. Paris, Robert Laffont, 1981.

CLAVREUL, Jean. *O Desejo e a Perversão*. São Paulo, Papirus, 1990.

COURTIN, Jean. *Si tu M'enerves, je te Mange*. In: "Liberation", Paris, 1992.

_____. *La Guerre au Néolithique*. In: "La Recherche", Paris, 1984.

DAHMER, Helmut. *Psicanálise como Teoria Social*.

DELEUZE, Gilles. *Apresentação de Sacher-Masoch*. Rio de Janeiro, Taurus, 1983.

DURKHEIM, Émile. *Définitions du Crime et Fonction du Châtiment*. In: "Déviance et Criminalité". Paris, Armand Colin.

_____. *Les Formes Élémentaires de la Vie Religieuse*. Paris, Presses Universitaires de France, 1960.

ECO, Umberto. *Como Se Faz Uma Tese*. São Paulo, Perspectiva, 1989.

EMERY, Edwin & EMERY, Michael. *The Press and America*. EUA, Prentice Hall Inc., 1984.

FENICHEL, Otto. *Teoria Psicanalítica das Neuroses*. São Paulo, Atheneu, 1981.

FERENCZI, Sandor. *Further Contributions to the Theory and Technique of Psycho-Analysis*. London, Hogart Press, 1960.

FRAZER, James George. *Tabou et les Périls de l'Âme*. Paris, Paul Geuthner, 1927.

FREUD, Sigmund. *Obras Completas*. Madrid, Biblioteca Nueva, 1981.

FROMM, Erich. *The Anatomy of Human Destructiveness*. EUA, Holt, Rinehart and Winston, 1973.

FOULCAULT, Michel. *Histoire de la Sexualité*. Paris,Gallimard, 1984.

GIRAD, René. *La Violence et le Sacré*. Paris, Bernard Grasset, 1972.

GOLDENSTEIN, Gisela, T. *Do Jornalismo Político à Indústria Cultural*. São Paulo, Summus, 1987.

GRODDECK, Georg. *Le Livre du ça*. Paris, Gallimard, 1963.

HAVELOCK-ELLIS, Henry. *Études de Psychologie Sexuelle*. Paris, Mercure de France, 1912.

HELLBRUNN, Richard. *Pathologie de la Violence*. Paris, Reseaux, 1982.

HORNEY, Karen. *Novos Rumos na Psicanálise*. São Paulo, Civilização Brasileira.

JONES, E. *A Vida e Obra de Sigmund Freud*. Rio de Janeiro, Imago, 1989.

JONES, Robert W. *Journalism in the United States*. EUA, E.P. Dutton, 1947.

JUNG, Carl Gustav. *Arquétipos e Inconsciente Coletivo*. Barcelona, Paidós, 1984.

_____. *Tipos Psicológicos*. Zahar, 1976.

KASANIN, J.S. *Lenguage y Pensamiento en la Esquizofrenia*. Buenos Aires, Horné.

KNIGHTLEY, Philip. *A Primeira Vítima*. Rio de Janeiro, Nova Fronteira, 1978.

KONDER, Leandro. *Walter Benjamin: o Marxismo da Melancolia*. Rio de Janeiro, Campus, 1988.

KRAFFT-EBING, Richard. *Psychopathie Sexualis*. Paris, Payot, 1956.

LAING, R.D. *Soi et les Autres*. Paris, Gallimard, 1971.

LAMPRIERE, Luc. *La Faim de Pub du Canibale Nippon*. In: "Libération", 1992.

LAPLANCHE, Jean. *Vocabulário de Psicanálise*. São Paulo, Martins Fontes, 1991.

LÉVI-STRAUSS, Claude. *Les Structures Elementaires de la Parenté*. Paris, Presses Universitaires de France, 1945.

LORENZ, Konrad. *L'Agression: Une Histoire Naturelle du Mal*. Paris, Flammarion, 1969.

LORENZER, Alfred. *El Lenguage Destruído y la Reconstrucción Psicanalítica.* Buenos Aires, Amorrotu, 1970.

_____. *Bases para uma Teoria de la Socializacion.* Buenos Aires, Amorrotu, 1970.

MAFFESOLI, Michel. *Essais sur la Violence Banale et Fondatrice.* Paris, Méridiene, 1984.

_____. *Une Forme d'Agrégation Tribale.* In: "Autrement", Paris, abril, 1988.

MALINOWSKI, B. *La Sexualité et sa Répression dans les Societés Primitives.* Paris, Payot, 1932.

MARCONDES FILHO, Ciro. *O Capital da Notícia.* São Paulo, Ática, 1986.

_____. *Televisão: a Vida pelo Vídeo.* São Paulo, Moderna, 1988.

_____. *A Violência da Perspectiva das Ciências do Homem.*

_____. *O Discurso Sufocado.* São Paulo, Loyola, 1982.

_____ *A Linguagem da Sedução.* São Paulo, Perspectiva, 1988.

MAKARIUS, Laura Levi. *Le Sacré et la Violation des Interdits.* Paris, Payot, 1974.

MARCUSE, Herbert. *Eros et Civilisation.* Paris, Minuit, 1963.

_____. *Agressividade na Sociedade Industrial.* 1968.

MICHAUD, Ives. *La Violence.* Paris, Presses Universitaires de France, 1986.

MONESTIER, Alain. *Fait Divers.* Paris, Musée National des Arts et Traditions Populaires, 1982.

MORIN, Edgard. *L'Esprit du Temps.* Paris, Bernard Grasset, 1962.

MOTT, Frank Luther. *A History of Newspapers in the United States Through 250 Years 1690 to 1940.* EUA, Macmillan Company, 1941.

NACHT, S. *Le Masochisme.* Paris, Dencel, 1938.

NIETZCHE, Friedrich. *Vontade de Potência.*

_____. *Crepúsculo dos Ídolos.* Lisboa, Presença, 1971.

PAVONE, Antonio Paulo. *Bebê Diabo.* São Paulo, Soma, 1989.

PEDROSO, Rosa Nívea. *A Produção do Discurso de Informação num Jornal Sensacionalista.* Rio de Janeiro, UFRJ/ Escola de Comunicação, 1983.

PROKOP, Dieter. *Sociologia.* São Paulo, Ática, 1986.

REIK, Théodor. *Le Masochisme.* Paris, Payot, 1971.

ROHEIM, Gesa. *Psychoanalysis and Antropology.* In: Psychoanalysis and the Social Sciences. London, 1947.

ROMI. *Histoire des Fait Divers.* Milão, Port Royal, 1962.

ROUX, Jean-Paul. *Le Sang.* Paris, Fayard, 1988.

SACHER-MASOCH, Wanda. *Confessions de Ma Vie.* Bureau: Leopold Van: Sacher-Masoch, 1989.

SEGUIN, Jean-Pierre. *Les Canards des Faits Divers de Petit Format en France au 19e. Siécle.*

_____. *Canards du Siécle Passé.* Paris, Pierre Horey, 1969.

_____. *Nouvelle à Sensation. Canards du 19e. Siécle,* Paris, Armand Colin, 1959.

SERRA, Antonio. *O Desvio Nosso de Cada Dia.* Rio de Janeiro, Achiamé, 1980.

SOOTHILL, K. & WALDY, S. *Sex Crime in the News.* London, Routledge, 1991.

SOREL, Georges. *Refléxions Sur La Violence*. Paris, Marcel Riviére, 1972 (1a. edição, 1908).

STECKEL, Wilhelm. *El Fetichismo*. In: Perversion, Buenos Aires, Tekné - Rogelio Fernandez Couto, 1989.

STORR, Anthony. *L'Instinct de Destruction*. Paris, Calmann-Lévy, 1972.

THOMAS, Pascal. *Le Diable, Oui ou Non?* Paris, Centurion, 1989.

VIGNOLES, Patrick. *A Perversidade*. São Paulo, Papirus, 1981.

VIANNA, Hélio. *Imprensa Brasileira: Contribuição à História da (1812-1869)*. Rio de Janeiro, Imprensa Nacional, 1945.

VILLENEUVE, Roland. *La Beauté du Diable*. Paris, Berger-Levrault, 1983.

_____. *Satan Parmi Nous*. Paris, Biblioteque Marabout, 1973.

_____. *Le Musée de Fétichisme*. Paris, Henri Veyrier, 1973.

WELZER-LANG, Daniel. *Le Viol au Masculin*. Paris, Editions L'Harmatton 1988.

WIEVIORKA, Michel & WOLTON, Dominique. *Terrorisme à la Une*. Paris, Gallimard, 1987.

WOODROW, Alan. *Information, Manipulation*. Paris, Félin, 1990.

NOVAS BUSCAS EM COMUNICAÇÃO
VOLUMES PUBLICADOS

1. *Comunicação: teoria e política* — José Marques de Melo.
2. *Releasemania — uma contribuição para o estudo do press-release no Brasil* — Gerson Moreira Lima.
3. *A informação no rádio — os grupos de poder e a determinação dos conteúdos* — Gisela Swetlana Ortriwano.
4. *Política e imaginário nos meios de comunicação para massas no Brasil* — Ciro Marcondes Filho (organizador).
5. *Marketing político e governamental — um roteiro para campanhas políticas e estratégias de comunicação* — Francisco Gaudêncio Torquato do Rego.
6. *Muito além do Jardim Botânico — um estudo sobre a audiência do Jornal Nacional da Globo entre trabalhadores* — Carlos Eduardo Lins da Silva.
7. *Diagramação — o planejamento visual gráfico na comunicação impressa* — Rafael Souza Silva.
8. *Mídia: o segundo Deus* — Tony Schwartz.
9. *Relações públicas no modo de produção capitalista* — Cicilia Krohling Peruzzo.
10. *Comunicação de massa sem massa* — Sérgio Caparelli.
11. *Comunicação empresarial/comunicação institucional — Conceitos, estratégias, planejamento e técnicas* — Francisco Gaudêncio Torquato do Rego.
12. *O processo de relações públicas* — Hebe Wey.
13. *Subsídios para uma Teoria da Comunicação de Massa* — Luiz Beltrão e Newton de Oliveira Quirino.
14. *Técnica de reportagem — notas sobre a narrativa jornalística* — Muniz Sodré e Maria Helena Ferrari.
15. *O papel do jornal — uma releitura* — Alberto Dines.
16. *Novas tecnologias de comunicação — impactos políticos, culturais e socioeconômicos* — Anamaria Fadul (organizadora).
17. *Planejamento de relações públicas na comunicação integrada* — Margarida Maria Krohling Kunsch.
18. *Propaganda para quem paga a conta — do outro lado do muro, o anunciante* — Plinio Cabral.
19. *Do jornalismo político à indústria cultural* — Gisela Taschner Goldenstein.
20. *Projeto gráfico — teoria e prática da diagramação* — Antonio Celso Collaro.
21. *A retórica das multinacionais — a legitimação das organizações pela palavra* — Tereza Lúcia Halliday.
22. *Jornalismo empresarial* — Francisco Gaudêncio Torquato do Rego.
23. *O jornalismo na nova república* — Cremilda Medina (organizadora).
24. *Notícia: um produto à venda — jornalismo na sociedade urbana e industrial* — Cremilda Medina.
25. *Estratégias eleitorais — marketing político* — Carlos Augusto Manhanelli.
26. *Imprensa e liberdade — os princípios constitucionais e a nova legislação* — Freitas Nobre.
27. *Atos retóricos — mensagens estratégicas de políticos e igrejas* — Tereza Lúcia Halliday (organizadora).

28. *As telenovelas da Globo — produção e exportação* — José Marques de Melo.
29. *Atrás das câmeras — relações entre cultura, Estado e televisão* — Laurindo Lalo Leal Filho.
30. *Uma nova ordem audiovisual — novas tecnologias de comunicação* — Cândido José Mendes de Almeida.
31. *Estrutura da informação radiofônica* — Emilio Prado.
32. *Jornal-laboratório — do exercício escolar ao compromisso com o público leitor* — Dirceu Fernandes Lopes.
33. *A imagem nas mãos — o vídeo popular no Brasil* — Luiz Fernando Santoro.
34. *Espanha: sociedade e comunicação de massa* — José Marques de Melo.
35. *Propaganda institucional — usos e funções da propaganda em relações públicas* — J. B. Pinho.
36. *On camera — o curso de produção de filme e vídeo da BBC* — Harris Watts.
37. *Mais do que palavras — uma introdução à teoria da comunicação* — Richard Dimbleby e Graeme Burton.
38. *A aventura da reportagem* — Gilberto Dimenstein e Ricardo Kotscho.
39. *O adiantado da hora — a influência americana sobre o jornalismo brasileiro* — Carlos Eduardo Lins da Silva.
40. *Consumidor* versus *propaganda* — Gino Giacomini Filho.
41. *Complexo de Clark Kent — são super-homens os jornalistas?* — Geraldinho Vieira.
42. *Propaganda subliminar multimídia* — Flávio Calazans.
43. *O mundo dos jornalistas* — Isabel Siqueira Travancas.
44. *Pragmática do jornalismo — buscas práticas para uma teoria da ação jornalística* — Manuel Carlos Chaparro.
45. *A bola no ar — o rádio esportivo em São Paulo* — Edileuza Soares.
46. *Relações públicas: função política* — Roberto Porto Simões.
47. *Esprema que sai sangue — um estudo do sensacionalismo na imprensa* — Danilo Angrimani.
48. *O século dourado — a comunicação eletrônica nos EUA* — S. Squirra.
49. *Comunicação dirigida escrita na empresa — teoria e prática* — Cleuza G. Gimenes Cesca.
50. *Informação eletrônica e novas tecnologias* — María-José Recoder, Ernest Abadal, Lluís Codina e Etevaldo Siqueira.
51. *É pagar para ver — a TV por assinatura em foco* — Luiz Guilherme Duarte.
52. *O estilo magazine — o texto em revista* — Sergio Vilas Boas.
53. *O poder das marcas* — J. B. Pinho.
54. *Jornalismo, ética e liberdade* — Francisco José Karam.
55. *A melhor TV do mundo — o modelo britânico de televisão* — Laurindo Lalo Leal Filho.
56. *Relações públicas e modernidade — novos paradigmas em comunicação organizacional* — Margarida Maria Krohling Kunsch.
57. *Radiojornalismo* — Paul Chantler e Sim Harris.
58. *Jornalismo diante das câmeras* — Ivor Yorke.
59. *A rede — como nossas vidas serão transformadas pelos novos meios de comunicação* — Juan Luis Cebrián.
60. *Transmarketing — estratégias avançadas de relações públicas no campo do marketing* — Waldir Gutierrez Fortes.
61. *Publicidade e vendas na Internet — técnicas e estratégias* — J. B. Pinho.
62. *Produção de rádio — um guia abrangente da produção radiofônica* — Robert McLeish.
63. *Manual do telespectador insatisfeito* — Wagner Bezerra.
64. *Relações públicas e micropolítica* — Roberto Porto Simões.
65. *Desafios contemporâneos em comunicação — perspectivas de relações públicas* — Ricardo Ferreira Freitas, Luciane Lucas (organizadores).
66. *Vivendo com a telenovela — mediações, recepção, teleficcionalidade* — Maria Immacolata Vassalo de Lopes, Silvia Helena Simões Borelli e Vera da Rocha Resende.
67. *Biografias e biógrafos — jornalismo sobre personagens* — Sergio Vilas Boas.
68. *Relações públicas na internet — Técnicas e estratégias para informar e influenciar públicos de interesse* — J. B. Pinho.
69. *Perfis — e como escrevê-los* — Sergio Vilas Boas.
70. *O jornalismo na era da publicidade* — Leandro Marshall.
71. *Jornalismo na internet* – J. B. Pinho.

IMPRESSO NA
sumago gráfica editorial ltda
rua itauna, 789   vila maria
02111-031 são paulo sp
tel e fax 11 **2955 5636**
sumago@sumago.com.br